특허로 답하다

Shall we mine patents?

손소영 편저

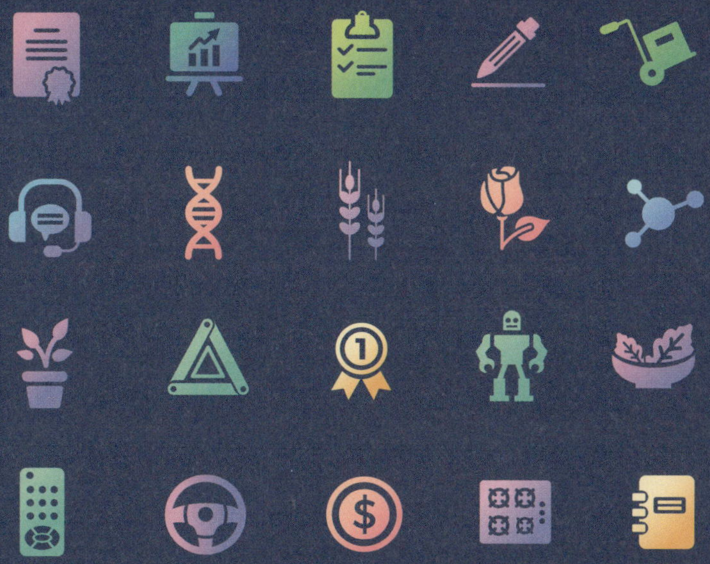

연세대학교 대학출판문화원

PREFACE

머리말

본 연구실(연세대학교 공과대학 산업공학과 산업통계연구실, http://isl.yonsei.ac.kr)에서는 기술의 사업 성공 가능성과 사업 부실화 위험을 동시에 고려하여, 중소기업의 기술금융 지원을 위한 "KTRS"(K-Technology Rating System)를 세계 최초로 2004년에 개발하였다.

그런데 그 기쁨도 잠시... 이렇듯 심혈을 기울여 개발한 비지니스모델 특허의 소유권이 개발자인 우리에게 있지 않다는 것을 깨닫고 큰 충격을 받았다. '을'은 '갑'에게 연구 결과물 모두를 귀속시켜야 한다는 문구가 들어간 과제계약서에 사인한 결과라고 하지만, 이런 환경하에 대학에서 '을'이 되어 더 좋은 개발을 하고 싶은 의욕을 갖은 연구자가 있을까 하는 의문이 들었다. 고심 끝에 상심을 승화시켜 기술혁신의 에코시스템 구축에 기본이 되는 지식재산권 연구를 시작하게 되었다. 본 연구실 팀은 2008년 영국 캠브리지 대학 Center for Technology Management 방문 연구와 스웨덴 Chalmers University of Technology와의 지식재산권 교류 연구를 거쳐, 2013년부터 3년간 연구재단 중견도약과제인 "효율적인 혁신을 위한 특허 경영 전략 계량분석 연구" 1단계를 마치고 2018년 현재 2단계 연구를 수행중이다.

1단계에서는 기술혁신 선순환 생태계 구축을 위해 기술금융, 특허 창출, 활용, 보호, 인프라, 신지식재산 탐색으로 구성된 특허 경영전략 관점의 주요 연구 이슈를 규명하고 정량적 분석 방법을 제안함으로써, 과학적인 의사결정을 지원할 수 있는 프레임워크를 제시하였다. 2단계에서는 역사, 사회, 글로벌 측면에서의 특허에 관심을 갖고 확장연구를 수행하고 있다.

본고에서는 여러 연구를 통해 발견한, 그러나 연구논문에 다 담지 못했던 주옥 같은 내용을 정리했다. 이 책은 특허 계량분석 연구에 몰두하여 기술혁신 에코시스템 개선에 동참하고 있는 연세대학교 산업공학과 산업통계연구 실원들(권득신, 박정, 이보경, 이원경, 이원상, 이정표, 조준형, 주용한, 지수정, 한은진, 허인석)의 지원 없이는 완성될 수 없었을 것이다. 특별히 전체적인 내용 감수에 참여한 이보경 박사의 노력이 큰 도움이 됐다. 함께 협력하여 연구하는 즐거움 가운데 학업에 정진하는 실원들에게 감사의 마음을 전하며….

2018. 1.

연세대학교 공과대학 산업공학과 산업통계연구실 지도교수

손 소 영 드림

http://isl.yonsei.ac.kr

CONTENTS

차 례

I.
지식재산 창출

제1장

표준 전쟁에서 어떤 기업이 살아남는가?

한은진
eunjinhan12@gmail.com

1 표준의 중요성

대량생산과 국제무역 활성화를 위해 제품, 프로세스, 서비스 등의 표준화[1]는 필수적인 요건이 되고 있다. 제정된 표준을 통해 제품 간 호환성 및 상호운용성을 제공할 수 있으며, 통일되고 검증된 정보 제공을 통해 소비자의 탐색 및 측정비용을 줄이고, 제품/서비스 이용의 편의성을 높일 수 있다. 제조 기업은 표준을 통해 단위당 생산비용과 거래비용을 줄일 수 있으며, 대량생산을 통한 규모의 경제 실현이 가능하다. 또한, 표준은 소비자 및 시장의 요구를 반영하여 제정되기 때문에, 기업이 표준을 준수하는 제품/서비스의 시장으로 진출 시 성공 가능성을 높일 수 있다.[2]

1) 표 1-1 용어 정의 참고
2) 한국정보통신기술협회 'ICT 표준화 활동 가이드'

기업이 표준 관련 기술을 보유하고 있는 경우, 특히 표준특허를 보유하고 있는 경우에는, 시장점유율 증가와 상당한 로열티 수익을 기대할 수 있으며, 특허상호실시계약 체결 시 유리한 위치를 점할 수 있다. 또한, 기업이 보유한 표준 관련 기술을 바탕으로 개발한 다른 기술들까지 표준 관련 기술이 될 가능성이 높아진다. 기업이 보유하고 있는 제품 및 서비스가 표준이 되는 경우, 해당 제품 및 서비스 시장에서의 독점력을 강화할 수 있다. 반대로, 표준 경쟁에서 패배한 기업은 생존 자체가 위태로워질 수 있다.

WTO/TBT Agreement(Technical Barriers to Trade Agreement, 무역기술장벽협정)으로 인한 국제표준 영향력 증대와 함께, 세계 많은 기업 및 연구소는 표준특허가 될 기술을 개발하기 위해 또는 보유 제품 및 서비스를 표준으로 만들기 위해 상

● 표 1-1 ● 용어 정의

용어	정의
표준	합의에 의해 작성되고 공인된 기관에 의해 승인된 것으로서 주어진 범위 내에서 최적 수준의 성취를 목적으로 공통적이고 반복적인 사용을 위한 규칙, 지침 또는 특성을 제공하는 문서 과학, 기술 및 경험에 대한 총괄적인 발견사항들에 근거하여야 하며, 공동체 이익의 최적화 촉진을 목표로 제정되어야 함.(KS A ISO/IEC Guide 2)[3]
표준화	실제적이거나 잠재적인 문제들에 대하여 주어진 범위 내에서 최적 수준을 성취할 목적으로 공통적이고 반복적인 사용을 위한 규정을 만드는 활동 (KS A ISO/IEC Guide 2)
호환성	동일한 규격을 갖춘 제품 간 대체 가능성
상호운용성	서로 다른 기술로 이뤄진 제품이나 서비스가 함께 잘 작동할 수 있는 능력
표준특허	표준 준수 제품을 생산·판매하거나, 서비스를 제공하고자 할 때 필수적으로 필요한 특허

3) http://standard.go.kr

당한 노력을 하고 있다. 본 장에서는 대표적인 표준 전쟁 사례를 알아보고, 표준 경쟁에서 생존한 기업들의 특성 또는 전략을 파악해보도록 하자.

2 표준 전쟁 사례

1) 표준 전쟁 1: USB vs IEEE 1394

PC에 주변기기를 접속하기 위해 사용하는 인터페이스로 'USB'와 'IEEE 1394'가 있다. 출시 당시 IEEE 1394가 데이터 전송 속도 측면에서는 최대 400Mbps으로 USB 1.0 버전의 최대 12 Mbps에 비해 훨씬 빠르고 안정적이었으며, CPU 점유율 또한 낮았다.

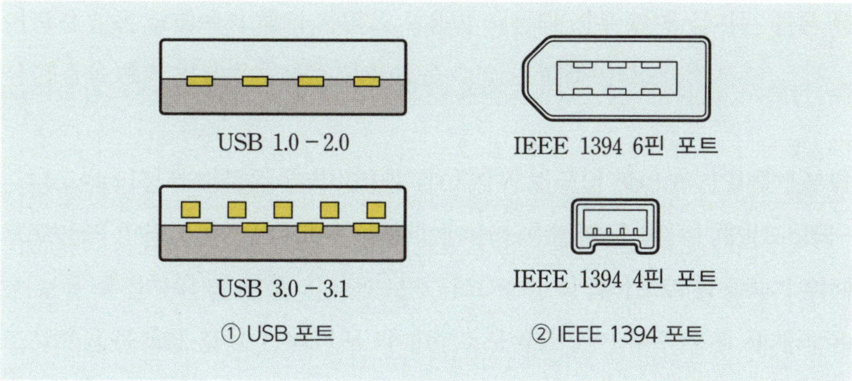

출처: ① Milos634(CC BY-SA 4.0), https://commons.wikimedia.org/wiki/File:USB_konektory.png
② Mobius(Public Domain), https://commons.wikimedia.org/wiki/File:FireWire-46_Diagram.svg

• 그림 1-1 • USB 포트와 IEEE 1394 포트

하지만 IEEE 1394를 탑재한 제품을 생산하기 위해서는 일정액의 로열티를 지불해야 했기 때문에 USB에 비해 상대적으로 가격이 높았다. 그래서 IEEE 1394는 고성능 프린터/스캐너, HDTV, HD카메라와 IEEE 1394 규격 개발을 주도했던 애플이 생산한 제품의 인터페이스로 주로 사용되었고, USB는 데이터 전송 속도에 크게 영향을 받지 않는 마우스, 키보드, 모니터에 널리 사용되었다.

IEEE 1394는 USB에 비해 기술적으로 많은 이점을 가지고 있음에도 불구하고 높은 가격으로 인해 널리 보급되지 못하였고, 이론상 데이터 전송 속도가 5 Gbps(실제 최고 속도는 3.9 Gbps)이면서 가격도 저렴한 USB 3.0이 출시되면서 IEEE 1394를 탑재한 제품은 거의 출시되지 않았다. IEEE 1394 규격 사용에 대한 '로열티 수익을 확보하는 전략'보다는 '시장점유율을 높이기 위한 전략'을 선택하였다면 USB vs IEEE 1394 표준 전쟁의 결과는 어떻게 달라졌을까?

2) Blu-ray vs HD-DVD

차세대 DVD 표준 경쟁은 소니의 Blu-ray vs 도시바의 HD-DVD 로 볼 수 있다. 소니의 Blu-ray 표준 연합에는 14개의 기술 관점의 파트너들(Apple, Dell, HITACHI, HP, LG전자, MITSUBISHI, Panasonic, Philips, Pioneer, 삼성전자, SHARP, SONY, TDK, THOMSON)과 7개의 콘텐츠 관점의 파트너들(Fox, Lions Gate, MGM, Paramount, SONY Pictures, Walt Disney, Warner)이 속해 있었다. 도시바의 HD-DVD 표준 연합에는 6개의 기술 관점의 파트너들(HP, Intel, Microsoft, NEC, SANYO, Toshiba)과 5개의 콘텐츠 관점의 파트너들(Paramount, Universal, Warner, HBO, New Line)이 속해 있었다(정현준, 2006).

Blu-ray와 HD-DVD는 기존 DVD에 비해 디스크 저장 용량 및 콘텐츠 저작권 보호 측면이 개선되었다. 두 표준 간 사양을 비교하면, Blu-ray가 디스크 저장 용량과 콘텐츠 보호 측면에서 조금 더 우수하였다. 비슷한 사양을 가진, 즉, 기술적인 측면에서 우열을 가리기 힘든 Blu-ray와 HD-DVD의 표준 전쟁의 승리자는 결국 Blu-ray가 되었다. 어떻게 Blu-ray가 표준 전쟁에서 살아남을 수 있었을까?

M'Chirgui(2015) 따르면, Blu-ray 진영에는 261개 기업이, HD-DVD 진영에는 136개 기업이 속해 있었으며, 66개 기업이 두 진영에 모두 속해 있었다. 각 진영에 속해 있는 기업 수와 함께, 전자기기 생산업체 및 주요 영화배급사의 지원이 표준 전쟁의 승부를 결정짓는 중요한 역할을 한 것으로 파악되었다. 특히, VHS vs 베타맥스, 미니디스크 vs MP3 표준 전쟁에서 승부를 결정짓는 중요한 요인이 '콘텐츠'였는데, 이러한 콘텐츠를 제공하는 영화배급사의 지원이 Blu-ray의 표준 성공에 가장 큰 영향을 미친 것으로 간주되고 있다. 중립적인 입장을 취하던 미국 영화배급사들이 Blu-ray 진영을 지원하게 되면서 Blu-ray가 표준이 되었다.

3) 표준 전쟁 3: 5G 주파수 표준 전쟁

5G 주파수 표준은 한국, 미국, 일본 3국 진영과 중국 및 유럽연합 진영으로 구성되어 있다. 한국, 미국, 일본은 6 GHz 이상 고대역 주파수 중에서 28 GHz 대역을 5G 주파수 표준으로 제안하였다. 반면, 중국 및 유럽 일부 국가들은 안정적인 통신 품질 보장을 위해 6 GHz 이하 대역을 표준화해야 한다고 주장하였다. 또한, 중국, 중동, 유럽 일부 국가가 위성통신용으로 28 GHz 대역을 이용하고 있다는 이유로 5G 주파수 후보 대역으로 28 GHz 대역을 반대하였다.

2019년 세계전파총회(WRC-19) 최종 회의까지 각 진영 국가의 정부와 기업들은 각자가 원하는 주파수가 국제 표준으로 채택되기를 바라며 설득 작업을 펼칠 것이며, 빠른 상용화를 통해 사실상 시장 표준을 만들기 위한 노력이 계속될 것이다. 표준 채택을 통한 5G 시장 지배력 강화 및 관련 산업과 후방 산업 시장에서의 주도권 확보를 위해 치열한 경쟁이 예상되는 5G 표준 전쟁의 승자는 누가 될지 관심이 집중되고 있다.

3 ____ 표준 전쟁에서 생존을 위한 결정 요인

치열한 경쟁에서 살아남아 시장을 지배하는 제품 또는 기술을 사실상 표준 또는 지배적 디자인이라고 한다. 지배적 디자인은 50% 이상의 시장점유율을 가지는 제품/기술, 이러한 상태를 최소 4년 동안 유지한 제품/기술들을 의미한다(윤인환, 이희상, 정철호, 2014).

사실상 표준 또는 지배적 디자인을 결정하는 요인은 무엇일까? Suarez(2004)는 지배적 디자인의 결정 요인을 크게 기업차원의 요인과 환경 요인으로 구분하였다.

기업차원의 요인은 다음과 같다.

(1) **경쟁 기술에 비해 뛰어난 정도(기술의 우월성)**: 경쟁 기술에 비해 성능이 상당히 좋을 경우에는 해당 기술이 지배적 디자인으로 발전할 가능성이 높아진다.

(2) **기업에 대한 평판 및 생산능력(기업의 보완적 자산과 신뢰)**: 보완적 자산은 기업이 기술 혁신으로 수익을 창출할 수 있는 능력에 상당한 영향을 미치며, 기술이 지배적 디자인으로 발전할 가능성을 높여주게 된다.

(3) **기업의 전략적인 경영능력(전략적 요인)**: 주요 전략적 요인으로는 R&D 및 시장 진입 시기 결정, 가격전략, 라이선싱 정책, 마케팅 및 홍보 전략 등이 있다. 많은 연구들에서 이러한 전략적 요인들이 지배적 디자인의 결정요인이라고 주장하고 있으나, 몇몇 연구에서는 반대 의견을 제시하고 있다. Dosi(1982)는 기업이 조기 진출로 인해 지배적 디자인과는 동떨어진 기술 궤도에 고립될 수도 있다고 주장하였다.

(4) **제품 및 서비스 사용자 수(고객기반)**: 기존 사용자가 많을수록 기존 제품/서비스 및 이와 관련된 기술들을 사용할 가능성이 높아지며, 이는 해당 기술이 지배적 디자인으로 발전할 가능성을 높여주게 된다.

환경 요인은 다음과 같다.

(1) **정부 규제(규제)**: 정부 및 표준제정기구에 의해 특정 기술이 지배적 디자인 또는 공적 표준으로 선택될 수 있다.

(2) **다른 제품 또는 기술로 교체할 때 비용이 발생하는지의 여부(네트워크 효과와 교체비용)**: 이전 제품/기술의 사용자가 많고, 새로운 제품/기술로의 전환이 상당한 비용을 발생할 경우에는 새로운 제품/기술로의 전환이 어렵고, 상당한 시간이 걸릴 수 있다.

(3) **기술혁신으로부터 수익을 배타적으로 보호 및 확보할 수 있는 정도(전유 가능성)**: 기술적 우위성은 높은 전유 가능성과 해당 기술이 지배적 디자인으로 발전할 가능성을 높여준다.

마지막으로 (4) **기업들 간의 협력 및 경쟁** 등 해당 기술분야의 특성이 지배적 디자인의 환경 요인으로 고려된다.

van de Kaa, van den Ende, de Vries, and van Heck(2011)은 인터페이스 형식의 지배적 디자인의 결정 요인에 관한 127개 논문을 정리하였고, 29개의 결정요인을 다음의 다섯 가지 분류로 나누어 설명하였다.

(1) 기업 특성

재무안전성, 브랜드 평판 및 신뢰도, 자원 활용능력, 학습 및 수용 능력이 높으면 지배적 디자인이 될 가능성이 높다.

(2) 기술 특성

기술적 우위성 및 상호호환성이 높거나, 보완적 제품이 많거나, 사용자 요구 변화 또는 기술 향상의 이유로 인터페이스 형식을 조정하는 데 필요한 시간과 비용이 많이 소요될수록 지배적 디자인이 될 가능성이 높다.

(3) 기술경쟁전략

마케팅 커뮤니케이션 전략, 부족한 자원의 우선 확보 전략, 유통전략이 우수하거나, 하나의 인터페이스 형식에만 몰두하는 정도가 높을수록 지배적 디자인이 될 가능성이 높다. 반대로, 가격정책과 높은 전유 가능성은 지배적 디자인이 될 가능성을 낮추는 요인들이다. 진입 시기는 지배적 디자인이 될 가능성과 역 U자형 관계를 가진다.

(4) 이해관계자

현재 인터페이스 형식 사용자, 이전 인터페이스 형식 사용자, 인터페이스 형식 사용을 촉진시켜줄 수 있는 이해관계자,[4] 해당 인터페이스 형식을 적용한 보완적 제품 또는 서비스를 제공하는 기업의 수가 많거나, 인터페이스 형식 개발과정의 효율성,[5] 이해관계자의 다양성이 높거나, 규제가 존재할 경우에는 지배적 디자인이 될 가능성이 높다. 반면, 독점금지법은 지배적 디자인이 될 가능성을 낮춘다.

(5) 시장 특성

특정 인터페이스 형식의 사용자가 많아짐에 따라 해당 인터페이스 형식의 사용이 더욱 촉진되는 편승효과, 특정 인터페이스 형식의 사용자가 많아질수록 해당 인터페이스 형식의 가치가 더욱 높아지는 네트워크 외부성은 지배적 디자인이 될 가능성을 높여준다. 반면, 경쟁 인터페이스 형식의 수, 시장 불확실성, 기술변화 속도, 해당 인터페이스 형식으로의 전환 비용이 높을수록 지배적 디자인이 될 가능성은 낮아진다.

모바일 운영 시스템에서 지배적 디자인의 결정 요인을 연구한 윤인환, 이희상, 그리고 정철호(2014)는 생태계 결속력과 기술혁신의 속도를 지배적 디자인

4) 예) MS DOS 형식을 개인용 컴퓨터에 적용했던 IBM
5) 예) 한 회사에 의한 개발, 서로 다른 기업들로 구성된 컨소시엄에서 개발, 표준제정기구의 위원회에서 개발

의 결정 요인으로 추가 제안하였다. 운영 시스템 시장은 모바일 기기 제조업체, 애플리케이션 개발자, 사용자로 생태계가 형성되어 있다. 생태계의 결속력 강화를 위해서는 네트워크 효과를 증대시킬 필요가 있으며, 이를 위해서는 새로운 모바일 기기 제조업체 또는 더 많은 애플리케이션 개발자가 모바일 생태계 내에 참여할 수 있도록 하여야 하고, 지속적이고 빠른 성능 개선이 필요하다고 주장하였다.

4 맺음말

USB vs IEEE 1394 표준 전쟁에서는 '전유 가능성'이, Blu-ray vs HD-DVD 표준 전쟁에서는 Blu-ray 또는 HD-DVD의 '사용을 촉진시켜 줄 수 있는 이해관계자', '보완적 제품/서비스를 제공하는 기업의 수'가 표준전쟁 승패에 가장 중요한 영향을 미친 것을 알 수 있다. 하지만, 표준전쟁 승패는 여러 가지 요인의 영향을 받으므로 van de Kaa, van den Ende, de Vries, and van Heck(2011) 연구를 참고하여 기업, 기술, 경쟁전략, 이해관계자, 시장 등 다양한 요인에 대한 이해가 필요하고 이들을 고려하여 표준화 전략을 세울 필요가 있다. 또한, Suarez(2004)의 연구에서 제시한 것과 같이, 지배 과정(dominance process)상에서 중요한 기업 및 환경 차원의 요인들을 파악하고, 부족한 부분에 대해서는 다른 기업 및 대학과의 협력 전략을 고려해볼 수 있다.

제2장

혁신적 기술의 융합,
검은 백조와 회색 코뿔소

이원상
uraah@yonsei.ac.kr

1 ____ 검은 백조

2007년 어느 날, 사람들은 놀라울 만큼 작지만 세상을 떠들썩하게 한 제품의 탄생을 지켜보게 되었다. 그것은 바로 지금은 너무나 대중화되었지만, 당시로서는 파격이요, 혁신으로 일컬어졌던 '아이폰'이다. 그리고 이 충격적인 제품의 등장 이후에 벌어진 일들은 누구나 다 알고 있을 법한 이야기이다. 한때는 선도적이었으나, 이후에는 근근이 마니아층을 중심으로 컴퓨터를 만들던 애플이라는 회사는, 이제 글로벌 ICT 산업과 경제에 가장 큰 영향을 미치는 공룡기업이 되었다. 이에 질세라, 구글과 삼성전자는 안드로이드 OS와 안드로이드폰으로 경쟁을 시작하였다. 아이폰 이전의 글로벌 휴대폰 공룡 노키아가 순식간에 퇴보하게 된 것도 우리가 너무나 잘 아는 이야기이다.

아이폰의 파급력은 비단 휴대폰 분야에서만 머무르지 않았다. 컴퓨터와 디지털카메라, MP3와 개인용 미디어 장비의 기능이 추가된 스마트폰은 전세계 각 분야 대표기업에 큰 영향을 미치게 된다. 세계 PC산업의 방향이 돌려졌으며, 메모리와 디스플레이 산업에도 지대한 영향을 주게 되었다. 사람들의 생활 패턴도 달라져서, 이제는 데스크탑PC보다 모바일로 인터넷을 즐기는 젊은 층이 더 많아지게 되었다. 디지털카메라의 예를 들어보자. '디카'라 불리던 디지털카메라 역시 아이폰의 직격탄을 맞고 시장에서 대중의 외면을 받기 시작했고, '디카'의 강자들은 이제 다른 분야를 기웃거리고 있다. MP3와 개인용 미디어 장비를 만들던 기업들도 큰 곤경에 처하게 되었다.

앞서 살펴본 일련의 사건들에서 알 수 있듯이, 여러 기능이 하나의 단말에 녹아진 이 제품은 말 그대로 세상을 놀라게 했다. 아이폰은 마치 검은 백조처럼 세상을 놀라게 한 것이다.

출처: Mobius(CC BY-SA 3.0), https://commons.wikimedia.org/wiki/File:Black_Swan_bg.jpg

• 그림 2-1 • 검은 백조

검은 백조란, 평소에 발생하지 않을 것 같은 사건이 일어나는 것을 의미한다. 일반적으로 검은 색깔의 백조를 떠올리기 어려운 것처럼, 검은 백조는 '실제로는 존재하지 않는 것' 또는 '사람들의 고정관념과는 다른 생각' 등을 나타내는 의미로 서양 고전에서 사용되어 왔다.

17세기 한 생태학자에 의해 호주에서 실제 검은 백조가 발견되고 나서부터는, '일어나기 힘들 것 같은 사건이 실제로 발생하는 것'을 나타내는 표현으로 사용되었다. 특히, 2000년 후반, 서브프라임 모기지 사태를 예상한 월가의 투자전문가인 나심 니콜라스 탈레브의 저서 '검은 백조(The black swan)'를 통해 더 유명해지게 되었다.

2 _____ 혁신적 기술의 융합과 특허

다시 아이폰을 살펴보도록 하자. 혁신의 아이콘인 아이폰에는 다양한 분야의 혁신적인 기술들이 혼재되어 있다. 아이폰에 적용된 각각의 기술들 자체는 사실 놀랍지 않을 수 있다. 컴퓨터나 디지털카메라, 개인용 미디어 장비 등, 모두 혁신적이지만 기존에 존재하는 기술들이다. 새로울 것이 없지만, 또 어떻게 보면 새로운 이 역설적인 상황은, 바로 아이폰이 우리들에게 검은 백조처럼 보였던 이유를 잘 설명해준다. 그리고 우리는, 이처럼 혁신적인 기존의 기술들이 섞여서 새로운 혁신을 만들어 내는 것을 기술융합이라 부르고 있다.

기술융합은 단순히 서로 다른 두 가지 이상의 기술이 합쳐져 있는 상태를 의미하지는 않는데, 단순한 기술들의 결합은 기술복합으로 볼 수 있다. 기술융합은, 서로 다른 기술들이 합쳐지고 녹아져 화학적 결합을 하여 새로운 형태의 혁신을 이끌어내는데 그 의의가 있다(Lee, Han and Sohn, 2015). 예를 들어, 아이폰에서의 혁신적 기술의 융합이란, '디지털카메라'와 '전화기'가 단순히 같은 단말에 있는 것을 넘어서서, 새로운 모바일 서비스를 가능하게 만들었고, 이 기술을 이용하는 사람들의 행동과 문화의 변화를 야기하고 있다.

기술융합을 잘 예측하고 활용하는 것은 현대 사회와 경제에 큰 영향력을 줄 수 있다. 여기서 우리는 기술융합을 마주하는 한 가지 힌트를 얻을 수 있다. 기술융합에 포함된 이 혁신적인 기술들은, 어느 날 갑자기 땅에서 솟아나지 않았다. 기존 기술들을 잘 파악하고, 기술변화를 감지하여 앞으로의 융합의 방향을 파악한다면, 파급력을 갖춘 중요한 기술융합에 대해 더 잘 준비하는 기회를 얻을 수 있을지도 모른다.

정부, 기업, 그리고 다양한 분야의 많은 사람들이 이처럼 중요한 기술융합을 이해하고 활용하기 위해 다양한 저마다의 노력을 기울이고 있다. 서로 다른 분야 간 상호작용과 융합을 촉진하기 위해서는 촉매가 필요하다. 촉매 역할을 할 수 있는 정책 지원, 규제 완화, 기술 투자 등 국가적 관점의 접근이 이뤄지고 있다. 그리고 이러한 기반 위에서, '특허'를 이용하여 기술혁신과 융합을 이해하고 접근하는 관점도 있다.

특허는 발명에 대한 배타적인 권리를 부여하는 제도이다(Sohn, Lee and Ju, 2013). 한 가지 흥미로운 사실은, 무형의 발명이 특허로 보호되기 위해서는 그 내용이 서술되고 그려지며 공개되어야 한다는 점이다. 즉, 혁신적인 발명의 내용을 대중에게 공개하되 그 권리를 국가가 보장하는 것이 바로 특허인 셈이다. 권리를 보장받기 위해 발명의 내용이 구체적으로 서술되어야 하며, 필요시 그림으로 표현되기도 한다. 혁신적인 기술의 권리가 보장됨과 동시에, 그 내용이 공개되어 확산되는 셈이다.

특허는 혁신적인 기술 개발과 제품 탄생의 기반이 되어, 오늘날의 혁신적인 기술과 그 생태계를 도래하게 하는 데 큰 기여를 해오고 있다. 특허를 통해 기술을 이해하고, 혁신을 파악하며, 융합의 방향을 예측하게 된다면, 아이폰이 더 이상 검은 백조로 보이지만은 않음을 알 수 있다.

3 ____ 회색 코뿔소

코뿔소는 한때, 중국, 인도, 유럽 등지에 널리 분포하다가 현재는 멸종 위기종으로 지정된 동물이다. 평소에는 순한 코뿔소는, 자기에게 위협이 된다고 생각하는 순간, 육중한 몸을 이끌고 시속 45km 이상으로 상대방에게 돌진하여 뿔로 들이받아 버리게 된다. 동물원에서 쉽게 볼 수 있는 이 코뿔소는 최근 '회색코뿔소가 온다'라는 책을 통해 인구에 회자되고 있다. 이 책에서는 회색 코뿔소가 쿵쾅쿵쾅 달려오는 상황을 제시하며, 이를 계속해서 경고음을 내면서 빠르게 다가오는 사건/위험이라고 정의하였다. 회색 코뿔소의 특징 상, 돌진할 때에는 진동이나 소음과 같이 여러 흔적이 나타날 수밖에 없다.

앞서 얘기한, 아이폰으로 대변되는 혁신적 기술들도 그 흔적이 특허에 고스란히 남게 된다. 혁신적인 기술은 어느 날 갑자기 우주에서 내려오지 않았다. 오히려, 수많은 사람들의 혁신적인 기술 개발을 위한 노력과, 그에 대한 권리가 보장되면서 발전이 누적되고 고도화되어 나타난 결과로 볼 수 있다. 어떻게 보면, 혁신적인 기술과 그 기술들의 융합은, 특허를 통해 다양한 시그널을 주며 우리에게 돌진해오고 있는 셈이다. 그런 맥락에서 본다면, 혁신적 기술들의 융합은 더 이상 검은 백조라기보다는, 검은 백조의 탈을 쓴 회색 코뿔소

출처: Staycoolandbegood(Public Domain), https://commons.wikimedia.org/wiki/File:Ostafrik anisches_Spitzmaulnashorn.jpg

● 그림 2-2 ● 코뿔소

로 봄이 더 적절할 것 같다. 그리고 지금 이 순간에 누군가는 그 시그널을 감지해 준비를 하고 앞으로 도약할 기회를 엿보고 있을지도 모른다.

특히, '코뿔소'가 주는 시그널을 포착하기 위해, 많은 국가에서 노력을 경주하고 있다. 즉, 이 시그널들은 국가의 기술과 산업 경쟁력의 연장선에서 활용될 수 있으며, 산업에 미치는 파급력이 크다. 이는 국가적 관점에서 이러한 시그널을 바탕으로 한 기회의 포착이 국가의 기술 및 산업 경쟁력과 직결될 수 있기 때문이다. 특히, 앞서 언급한 특허는 국가라는 관점에서 많이 접근할 수 있는데, 이는 다른 나라에 특허를 출원하여 권리를 득한다면 국내를 넘어 해외에서도 그 권리가 보장될 수 있기 때문이다.

개인이나 기업 관점에서 기술전략과 정책을 고려하는 것은 그 자체로도 의미가 있지만, 국가적인 관점에서 거시적으로 접근하는 것 역시 매우 중요한 의의를 갖는다. 국내에서 개발된 기술이 세계적인 경쟁력이 있다면, 세계시장에서 인정받으며 국가의 기술과 산업의 경쟁력을 제고시키는 중요한 역할을 하게 된다. 한국경제가 고도성장기에 취해온 정부 주도의 기술개발의 추격전략은 이미 그 효과가 입증되었으며, 현재 세계 개발도상국에서 취하는 전략이기도 하다.

이웃 국가의 예를 들자면, 중국은 국가적으로 산업과 기술을 육성하며, 이러한 정부의 노력은 여러 분야에서 '굴기'라고 불리고 있다. 강대국이라고 해서 기술개발을 단순히 민간에만 맡기지는 않는다. 관세나 경제정책 등을 통해 해당 국가의 주요 기술과 산업이 보호되기도 하며, 정부의 보조금과 장려정책으로 기술과 산업이 성장하기도 한다. 어떻게 보면, 멀리서 돌진해오는 커다란 회색 코뿔소를 잡기 위해 국가적인 노력이 경주되는 셈이다. 그러기에 국가별로 혁신적인 기술과 융합을 바라보고 준비하는 자세에 따라, 그 양상이 각각 다르게 나타나기도 한다. 그리고 혁신적 기술의 창출과 융합을 위한 노력은 이제 한국경제가 나아가야 할 방향이기도 하다.

4 ____ 회색 코뿔소의 나라들

앞서 살펴본 것처럼, 기술혁신과 융합에 대한 국가 관점의 접근은 산업 및 기술 경쟁력 제고에 중요한 의의를 지닌다. 그렇기에 관련된 연구와 정책의 적용이 많이 이뤄져 오고 있다(Autant-Bernard, Fadairo and Massard, 2013; Cabrer-Borrass and Serrano-Domingo, 2007; Harnmadou, Paty and Savona, 2014). 예를 들면, 기존의 많은 연구에서 혁신을 초래하는 연구개발에 대한 정부지출의 영향력이 국가별로 분석되었다. 유럽 국가들을 대상으로 하여, 전통적으로 국가의 연구개발 지출에 영향을 미치는 경제 규모, 무역 개방성, 분야별 특성화, 사적 연구개발 등이 유의한 영향을 미치는 것을 찾아볼 수 있다. 특히, 특정 국가별로 강점을 가진 기술이 다른 경우에는, 혁신적 기술의 융합은 관계된 여러 국가에 걸쳐서 나타날 수 있다.

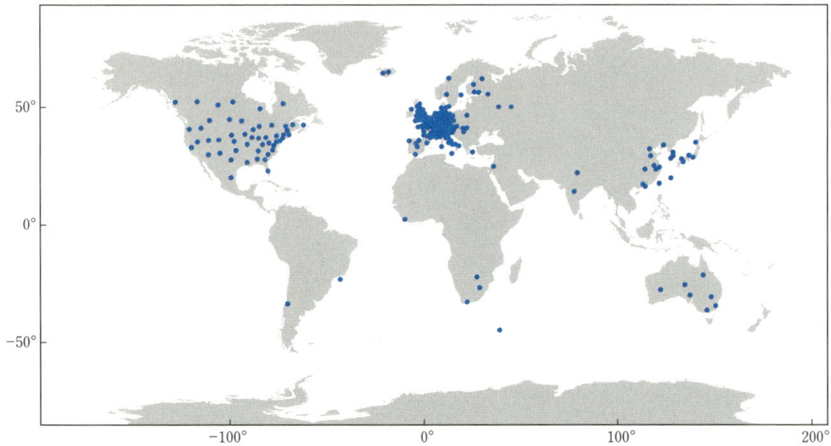

• 그림 2-3 • 기술융합 발생의 주요 지역 현황

보다 직관적인 이해를 위해, 특허로부터 파악한 국가별 융합기술의 발생을 나타내는 그림 2-3을 살펴보자. 특히, 특허 중에서도 보다 중요한 특허를 대상으로 하기 위해 삼극특허를 분석하였다. 삼극특허란, 미국특허청에 등록되고, 유럽 및 일본 특허청에 동시에 출원된 특허를 의미하며, 일반특허보다 중요하다고 여겨진다(Lee, Han and Sohn, 2015).

우선, 국가별 기술융합의 발생을 파악하기 위해, 특허로 대변되는 기술혁신의 주요 지역이 먼저 정리되었다. 이렇게 발견된 986개 지역을 기준으로, 이 지역들이 갖는 융합기반 기술혁신은 주로 북미, 유럽, 동아시아에서 집중적으로 발생하는 것을 볼 수 있다. 그림 2-1을 통해 혁신적 기술의 융합이 특정 지역과 국가에 집중되어 있는 것을 확인할 수 있다.

그렇다면 각 국가에서 시간에 따른 기술융합의 발생은 어떻게 나타날까?

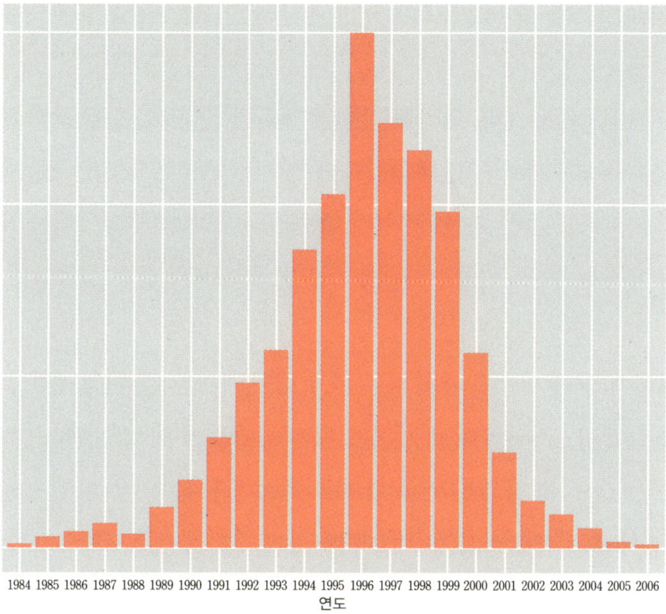

• 그림 2-4 • 연도별 기술융합 발생 비율

그림 2-4에서는 1980년대부터 2000년대 후반까지 기술융합 발생 비율을 제시하고 있다. 특히, 90년대 후반에 그 발생 빈도가 가장 높은 것으로 나타났는데, 실제로 90년대 후반에 기술융합이 가장 많이 발생했을 수 있고, 또는 최근 들어 기술혁신과 융합이 특허 취득에 긴 시간이 소요되어 이런 결과가 나왔을 수도 있다. 주어진 자료를 바탕으로만 해석하면, 90년대 후반, 특히 1996년과 1997년에 기술융합이 가장 많이 발생하였다.

이처럼 기술융합의 분포는 시기별로 국가별로 다양하게 나타남을 확인할 수 있다. 이번에는 기술융합의 주요 국가들을 대상으로 시기별 국가별 기술융합 및 관련 요소의 변화 양상을 여러 관점에서 살펴보았다. 이때 전체 기간을

1990년 이전, 1991~2000년, 2000년 이후와 같이 세 구간으로 나누어 접근하였다.

우선, 각 기간별로 주요 국가들의 기술융합 발생 빈도를 비교한 결과 기술융합의 선두 주자는 미국이었으며, 그다음으로 일본, 그리고 독일 순으로 나타났다. 그리고 그 뒤를 프랑스, 영국, 중국 등이 따라가고 있었으며, 한국의 경우에는 아직은 평균 수준의 기술융합을 발생시키는 것으로 나타났다.

이번에는 이러한 기술융합의 질을 따져보도록 하자. 특허를 통해 기술을 바라보는 관점에서, 우리는 어떤 특허가 이후 발명들에 의해 얼마나 인용되었는지가 그 기술의 질을 나타내는 주요 척도로 사용될 수 있음을 고려하였다. 우선, 1980년대에는 네덜란드가 기술융합의 질이 가장 높았던 것으로 나타났으며, 그다음이 독일과 영국 등의 순으로 나타났다. 1990년대에는 브라질과 체코가 가장 높은 기술융합의 질을 보여주고 있다. 2000년대에는 미국, 이스라엘의 순으로 기술융합의 질이 높은 것을 보여주지만, 또 한편으로는 다른 국가와의 차이가 그렇게 크지 않음을 볼 수 있다.

그렇다면 기술의 영향력을 나타내는 또 다른 측면인 피인용 주기를 기간별 국가별로 살펴보았다. 피인용 주기란 한 특허가 다른 특허에 인용되는 기간을 의미하며, 이 기간이 짧을수록 기술의 영향력이 높은 것으로 간주된다. 1980년대에는 헝가리와 폴란드 등이 가장 빠른 주기를 보여주었다. 1990년대에는 여전히 헝가리가 기술융합의 강국으로 자리를 지키면서, 일본과 스페인 등도 높은 영향력을 보여주고 있다. 이러한 경향은 2000년대에 들어서 변동이 생겼으며, 인도가 급부상하였고, 그 뒤를 일본, 이탈리아, 한국 등의 순서로 추격하는 양상이 나타나고 있다.

5 ___ 회색 코뿔소가 온다

우리는 지금까지 기술융합에 대한 특허를 통한 기본적인 이해와, 이에 대한 국가 관점의 비교를 간단하게 살펴보았다. 특허를 활용한 미래 기술의 예측은 현대 기술경영에서 주요 흐름으로 자리를 잡았다. 같은 특허라 하더라도 어떻게 처리하고 분석하는지에 따라 우리에게 각기 다른 인사이트를 제공할 수 있다. 최근에 부상한 머신러닝을 활용한다면, 보다 효과적으로 영향력 있는 인사이트를 발견할 수 있다.

사실, 이러한 관점 외에도 기술융합을 바라보는 다양한 관점이 있을 수 있다. 이 장에서 강조하고자 하는 바는, 혁신적인 기술과 이들의 융합은 더 이상 검은 백조가 아니라는 점이다. 특허를 통해 우리에게 돌진하는 회색 코뿔소를 잘 관찰한다면, 우리는 지금까지의 기술의 변화 방향, 앞으로의 혁신과 융합의 방향을 조금 더 잘 예상해볼 수 있을 것이다.

제3장

1+1=3의 원리, 특허 전쟁에서 협업으로

이원경
oksir@hanmail.net

1 기술의 만리장성

이웃 나라 중국의 관광지 하면 딱 떠오르는 곳은 어디인가? 여러 관광지들 중 세계 7대 불가사의 중 하나인 만리장성을 꼽을 수 있다. 장성 정확히는 6,350km로 만 리를 훨씬 뛰어넘어 약 16,000리에 달하는 이 성벽은 우주에서 보이는 것이 아닌가 하는 이야기가 있을 정도로 인류가 만든 기이한 건축물 중 하나이다.(결국, 폭이 넓지는 않아 우주에서 맨눈으로 보이지는 않는다고 밝혀졌다) 해마다 어마어마한 관광지로써의 수익은 물론이거니와 중국이라는 나라를 대표하는 랜드마크로서 그 가치를 따지기 어려울 정도다. 이런 만리장성의 이면에는 수없이 많은 사람의 노력이 담겨 있다. 예부터 우리 인류는 생존을 위해서, 그 밖의 무언가를 이루기 위해 혼자만의 힘으로는 한계가 있음을 깨달았고, 본능적으로 힘을 합쳐 발전해왔다. 앞서 언급한 만리장성만의 이야기가 아니다. 모든 분야에 걸쳐 협업은 이루어져 왔다.

출처: by Jakub Halun(CC BY-SA 3.0), https://commons.wikimedia.org/wiki/File:20090529_Great_Wall_8185.jpg

• 그림 3-1 • 중국의 만리장성

기술개발도 협업이 꾸준히 이루어진 분야 중 하나이다. 혼자만의 노력으로 새로운 기술을 만든다는 것은 정말 많은 시간의 노력이 들 뿐만 아니라 참으로 불확실하다. 게다가 기술이 계속 발전되고 축적되면서 점점 더 복잡해지고 어려워졌다. 이에 일부는 독자적인 연구 대신 협업의 전략을 택했다. 대표적인 예로 우리가 매일 사용하는 스마트폰을 들 수 있다. 스마트폰이 이 세상에 나오기 전까지 '노키아(NOKIA)'라는 회사가 휴대폰 시장의 독주 체제를 이어왔다. 노키아의 적수라 할 수 있는 기업은 많지 않았다. 스마트폰이 세상에 나왔지만, 노키아는 자신들을 믿었고, 독자적 기술개발을 지속했다. 하지만, 노키아는 협력을 선택한 애플(Apple)과 구글(Google)에 점차 밀리기 시작했고, 이제 더 이상 스마트폰 시장에서 노키아를 찾는 소비자는 없다.

비단 스마트폰 시장에서의 얘기만이 아니다. 많은 분야에서 이러한 기술 협

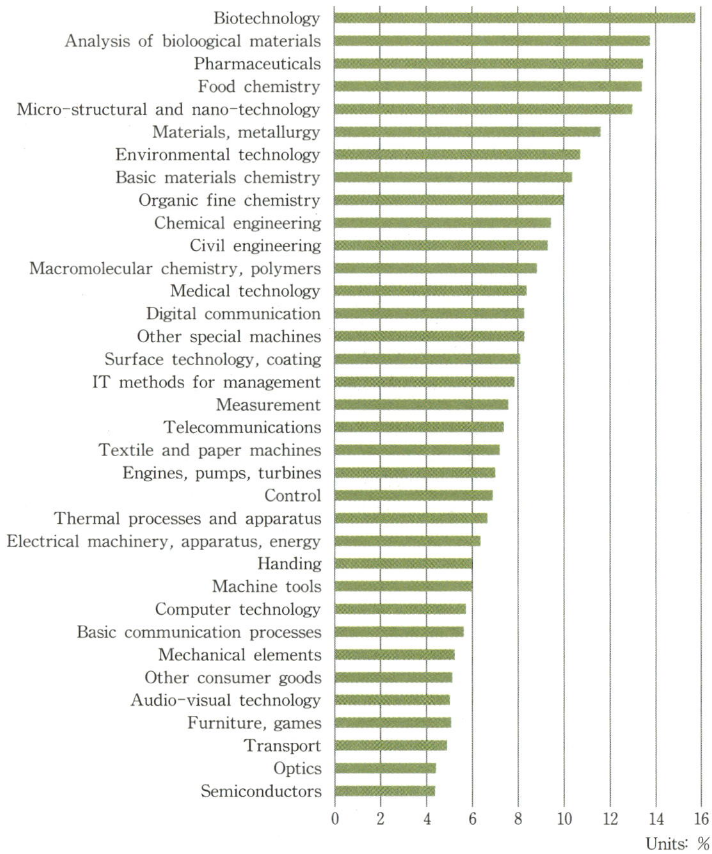

• 그림 3-2 • 분야별 협업 특허가 차지하는 비율(%)

업은 선택이 아닌 필수가 되고 있다. 그림 3-2를 살펴보면 총 35가지의 기술 분야에 따라 많게는 16%부터 적게는 4% 정도의 수준에서 협업으로 출원되는 특허가 분포되어 있음을 알 수 있다. 구체적인 분야를 살펴보면 바이오, 제약 분야 등을 중심으로 협업 연구가 비교적 가장 활발히 이루어지는데, 분야의 특성을 고려해보면 쉽게 이해될 수 있는 부분이다. 예를 들어, 새로운 약을 개발하는 데 있어서 상당한 인력과 시간 등 많은 자원이 필요하다. 수많은 실험 장비와 값비싼 실험 재료들, 그리고 검증을 위한 험난한 단계들이 기다리고 있다. 그뿐 아니라 불확실성 또한 매우 크기에 혼자 이 모든 걸 감당하기에는 부담스럽다. 이런 점에서 바이오, 제약 분야의 규모 있는 연구에서 생존 전략으로서 협업은 선택이 아닌 필수가 되었다.

굳이 이러한 점을 따지지 않고서도 개발되어 출원되는 특허의 품질을 살펴봐도 쉽게 협업 연구의 중요성을 알아볼 수 있다.

특허의 품질을 평가하는 여러 가지 다양한 지표들이 있겠지만, 쉽게 따져볼 수 있는 것으로 특허의 피인용 횟수를 꼽을 수 있다. 피인용 횟수는 다른 특허들이 특정 특허를 얼마나 많이 인용하였는지를 의미한다. 꼭 필요하고 중요한 연구라면 다른 연구자들에게 영감을 줬고, 또 다른 특허들을 만들어 내는데 기여했을 것이라는 점을 고려한 지표다. 그렇다면 협업으로 출원되는 특허와 독자적으로 연구되어 출원된 특허의 피인용 횟수를 비교하면 어떨까? 일반적으로 협업으로 출원한 특허는 독자적으로 개발되어 출원된 특허보다 더 많이 인용된다는 점이 밝혀졌는데(Levitt and Thelwall, 2009), 이 점에서 협업의 중요성을 다시 한 번 살펴볼 수 있다.

2 ____ 우리나라의 기술협업

우리나라에도 이러한 협업의 중요성을 인지하고 기술협업을 주도하는 이들이 있다. 한국인이 연구 개발에 참여하여 미국 시장에 출원한 특허들을 대상으로 어떤 이들이 중심적인 역할을 하고 있는지 살펴보았다. 기관 간 협업으로서 2개 이상의 특허를 출원한 관계를 맺는 기업들을 추려 〈그림 3-3〉과 같이 네트워크를 통해 나타내보았다. 네트워크를 구성하는 점은 기관을, 선은 해당 기관 간 협업 특허의 존재 여부를 의미한다. 협업 횟수가 많은 기관일수록 점의 크기가 크며, 선의 경우도 마찬가지로 협업 횟수가 많아 돈독한 관계일수록 굵게 표시하였다. 한편, 이 협업 네트워크에서 단순히 협업을 많이 하는 기관 외에 기관마다 협업하는 상대 기관이 얼마나 또 많은 협업을 하는 기관인지에 가중을 두고, 중요한 역할을 하는 기관을 찾기 위하여 고유벡터 중심성(Eigenvector Centrality) 지표를 적용하여 중요성이 큰 점을 파란색, 그렇지 않은 점을 붉은색으로 표시하였다.

우선 그림 3-3의 네트워크를 자세히 들여다보면 대부분 점이 꽤 익숙한 기관들이다. 삼성전자, 현대기아차 등의 기업들을 중심으로 한국인의 미국 시

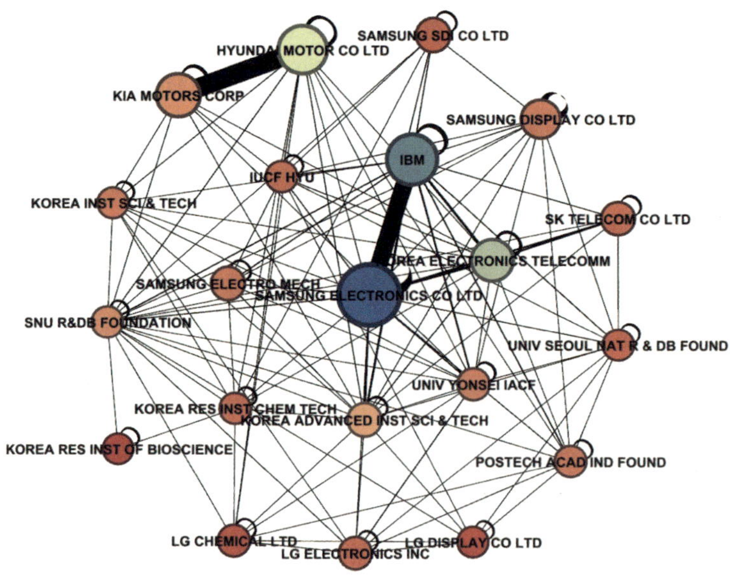

• 그림 3-3 • 협업 횟수 관점에서의 기관 간 협업 네트워크

장 특허 출원이 이루어지고 있다. 다만 그 와중에 대표적 해외 다국적기업인 IBM이 한국인의 미국 특허 출원에 있어서 상당히 많이 관여하고 있음을 볼 수 있다. 삼성전자가 많은 빈도로 IBM과 협업하여 특허를 공동으로 출원하고 있지만, 그 외의 대학 기관과 여러 다른 회사들 또한 IBM과 공동 출원하는 특허가 꽤 많이 있음을 볼 수 있다. 위 문단에서 소개한 고유벡터 중심성 관점에서 보더라도 IBM은 미국 시장에 많은 특허 출원을 하는 메이저 기관들과 주로 협업을 하고 있음을 알 수 있다. 메이저 기관들과 많은 협업을 하는 또 다른 기관들로는 현대기아차, 삼성디스플레이 등이 있고, 대학연구기관에 초점을 맞추면 카이스트, 서울대, 연세대 등이 있다.

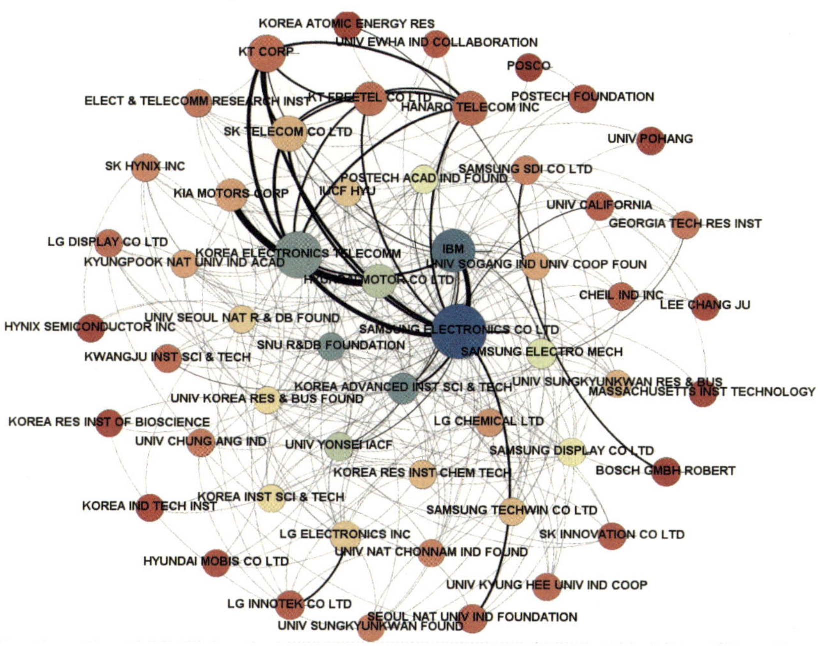

• 그림 3-4 • 피인용 횟수 관점에서의 기관 간 협업 네트워크

그런데 혹자는 꼭 많은 특허를 출원하는 것만이 중요한 역할을 하는 것인지 반문할 수 있다. 여러 개의 신규성이 있는 특허를 출원하였다 하더라도 그것이 꼭 동등한 효과를 준다고 보기는 어렵다. 단 하나의 특허를 출원했다 하더라도 굉장히 중요한 기술을 개발하여 출원한 것이라면 충분히 높은 평가를 받아야 마땅하다. 이에 그림 3-4와 같이 이번엔 한국인이 연구개발에 참여하여 미국 특허청에 출원한 특허에 대하여 피인용 횟수 관점에서 네트워크를 그려보았다. 그림 3-3과 마찬가지로 점은 기관을 의미하지만, 피인용 횟수에 따라 선의 가중치를 두었고, 총 피인용 횟수가 1건 이상인 경우에 대해서만 나타내었다. 한편, 여기서 점의 크기는 해당 연구 기관의 특허가 얼마나 많은 피인용 횟수를 기록했는지에 비례하고, 피인용을 많이 기록한 기관과의 협업이 많을수록 푸른색, 적을수록 붉은색으로 나타내었다.

그림 3-3과 같이 삼성전자, IBM 등의 기관이 점의 크기도 크고, 푸른색을 띠고 있음을 알 수 있다. 하지만, 그림 3-4에서는 KT, SKT 등 국내 대형 통신사들이 그림 상단에 붉은색 큰 점을 형성하고, 그림의 바깥쪽 원의 둘레를 구성하는 기관들도 마찬가지로 붉은색 큰 원들을 형성하며 분포되어 있음을 알 수 있다. 이들은 적은 특허를 내어 그림 3-3에선 등장하지 않았으나 특허의 피인용 횟수가 높아 새롭게 그림 3-4에서 등장하였다고 볼 수 있다. 그리고 이들의 협업 파트너들이 비교적 적은 피인용 횟수를 기록하는 특허들을 보유한다고 볼 수 있다. 흥미로운 점으로는 그렇게 비교적 적은 피인용 횟수를 기록하는 기관들에 많은 국내 대학들이 포함되어 있다는 점이다. 그림에서 살펴봐도, 전반적으로 대학 기관들이 형성하는 점의 크기는 그렇게 크지 않다.

이는 협업 유형별로 평균 피인용 횟수를 구해보면 좀 더 명백히 드러난다.

● 표 3-1 ● 협업의 유형별 특허당 평균 피인용 횟수

협업의 유형	특허당 평균 피인용 횟수(회)
기업과 기업 간 협업	21.8
기업과 대학 간 협업	15.72
기업과 정부 간 협업	35.72
대학과 대학 간 협업	4.46
대학과 정부 간 협업	9.31
정부와 정부 간 협업	6.18

위의 표 3-1은 미국 특허청에 출원되고 한국인이 연구에 참여한 특허에 대하여 협업의 유형별로 특허 한 개당 평균 피인용 횟수를 조사한 자료이다. 기업과 정부 간 협업으로 출원된 특허가 가장 피인용 횟수가 높고, 대학 간 협업으로 출원된 특허의 경우 가장 피인용 횟수가 낮다. 특허 피인용 수가 적다는 면을 좋게 보면 상당히 독자적이고 독창적인 연구를 진행했다고 볼 수 있어 온전히 피인용 횟수로 품질을 평가하는 데에는 한계가 있지만, 많은 경우 그 특허의 품질 자체가 높지 않은 것으로 해석할 수 있다. 그렇다면 어떻게 좋은 품질의 협업 연구를 할 수 있을까?

3 ＿＿＿ 1+1=3의 협업

정답이 정해져 있는 문제는 아니라고 생각하지만 한 가지 고려해볼 만한 점은 있다. 위의 표 3-1을 다시 살펴보면 대학의 경우, 다른 유형의 기관과 협업하는 경우 평균 피인용 횟수가 증가하는 것을 알 수 있다. 정부 기관과의 협업

에서 9.31회로 약 2배, 기업과의 협업에서도 15.72회로 대학 간 협업에서의 피인용 횟수(4.46회)와 비교하여 약 4배의 피인용 횟수를 기록한다. 이는 정부 기관의 경우도 마찬가지이다. 정부 기관 간 협업의 횟수(6.18회)보다 정부와 기업(21.8회), 정부와 대학(9.31회) 간 협업에서 더 높은 피인용 횟수를 기록한다. 다시 말해서, 대학이나 정부 기관의 경우, 협업의 대상을 같은 유형의 기관에서 찾을 것이 아니라 다른 유형의 기관에서 탐색해보는 것이 더 좋을 수 있다는 이야기다.

이를 어느 정도 뒷받침할 수 있는 또 다른 특징도 있다. 이번엔 한국인 연구자가 협업에 참여하여 미국에 출원한 특허들을 대상으로 이들 협업이 어떻게 이루어졌는지를 협업 특허의 내용 관점에서 살펴보았다. 연구자마다 그간 출원한 특허들을 그들의 특허 프로파일이라고 하고 각자 프로파일을 설명할 수 있는 토픽을 추출할 수 있다.

쉽게 말해서 우리가 신문 편집장이라 하면 뉴스 기사를 읽고, 내용을 이해해서 뉴스의 키워드가 무엇이며 '사회' 면으로 분류해야 할지, '정치' 면으로 분류해야 할지 정해야 한다. 이런 일련의 과정을 기계가 학습할 수 있도록 하여, 문헌에서 그러한 과정을 수행하는 것을 텍스트 마이닝(Text Mining)이라 한다. 여기선 각 연구자가 출원한 특허들의 초록을 바탕으로 100가지의 대표 주제를 추출하였다. 이렇게 되면 각 연구자가 출원한 특허들의 초록으로 구성된 특허 프로파일이 어떤 토픽에 어느 정도로 해당하는지를 계산할 수 있다.

하나의 문헌이 하나의 토픽만으로 설명되지 않듯이 한 연구자의 특허 프로파일은 여러 가지의 토픽을 가질 수 있다. 이제 이 특허 프로파일을 바탕으로,

● 표 3-2 ● 협업의 유형별 특허당 평균 연구토픽 간 거리

협업의 유형	특허당 평균 연구토픽 간 거리
기업과 기업 간 협업	0.52
기업과 대학 간 협업	0.81
기업과 정부 간 협업	0.7
대학과 대학 간 협업	0.56
대학과 정부 간 협업	0.82
정부와 정부 간 협업	0.53

협업으로 출원된 특허가 얼마나 상이한 연구 프로파일을 가진 연구자들로부터 연구된 것인지 프로파일 간 거리, 즉, 연구토픽 간 거리를 계산해볼 수 있다.

만약 비슷한 분야의 연구를 하던 연구자들의 협업으로 만들어진 특허라면 해당 특허 연구자들의 연구토픽 간 거리는 가까울 것이고, 서로 다른 연구 분야의 연구를 하던 연구자들이 모여 만든 특허의 경우라면 연구토픽 간 거리가 멀 것이다. 이 거리를 구하는 방법에는 여러 가지 방법들이 있겠으나 그중 대표적인 방법인 헬링거 거리(Hellinger distance)라는 지수를 바탕으로 가장 먼 경우를 1로, 가까운 경우를 0으로 환산하였다. 이러한 과정을 모든 협업 특허에 대해 계산한 다음, 협업의 유형별로 정리하면 다음의 표 3-2와 같은 결과를 살펴볼 수 있다.

위의 표에서 주목해볼 점으로 같은 기관 간 협업에서는 평균적으로 연구토

픽 간의 거리가 가까운, 비슷한 연구 분야를 갖는 연구자 간의 협업이 많이 이루어진다는 점이 있다. 반면, 다른 기관 간의 협업에서는 평균 연구토픽 간 거리가 멀어 서로 다른 분야 간의 협업이 이루어지고 있음을 살펴볼 수 있다. 이전의 표 3-1에서 다른 기관 간 협업에서 피인용 횟수가 높았던 점과 위의 표 3-2에서 다른 기관 간 협업에서 평균 연구 토픽 간 거리가 멀다는 점은 우리에게 무엇이 '1+1=2' 대신 '1+1=3'의 협업을 만드는지에 대한 중요한 힌트를 가져다준다.

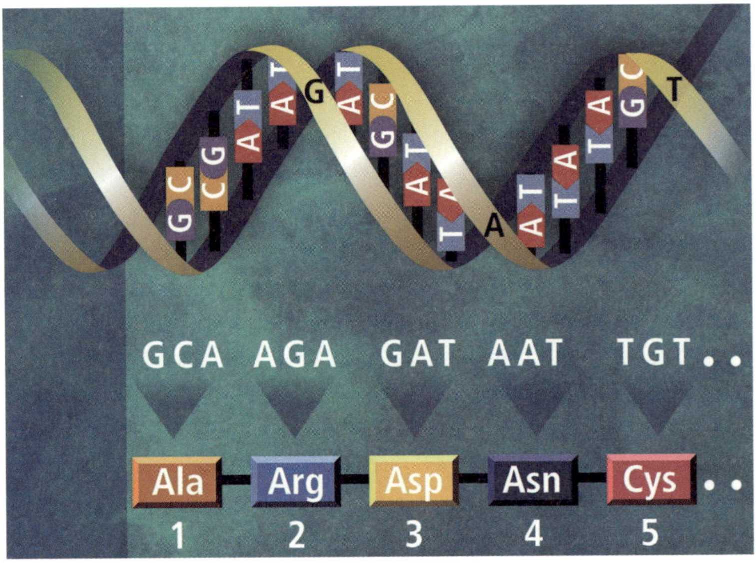

CC0 Public Domain Dedication

• 그림 3-5 • 인간의 염기서열을 밝히는 게놈 프로젝트에 생물학과 컴퓨터 공학의 협업이 비약적인 발전을 이끌었다.

필자가 이러한 분석을 통하여 생각하는 '1+1=3'의 원리는 학제 간 협업이다. 진정한 협업의 시너지 효과는 서로 다른 분야의 전문가들이 힘을 합칠 때 잘 나타날 수 있다는 것이다. 예를 들어보자면, 2000년대 초반 과학계의 최대 이슈 중 하나로 약 30억 개의 염기쌍을 가지는 인간의 유전자 지도를 만드는 프로젝트가 있었다. 네이처, 사이언스 등 내로라하는 과학 학술지의 표지를 장식하는가 하면, 각종 TV 뉴스와 신문에서도 떠들썩했다. 그렇지만 대중들의 기대와 달리 염기서열을 분석하는 속도 면에 큰 걸림돌이 있었고, 한 사람의 유전자 검사를 하는 데 천문학적인 비용이 들어간 탓에 실제 유전자 검사를 받을 수 있는 사람은 거의 존재하지 않았다. 요즘은 유전자 검사에 그리 큰 비용이 들지 않는데, 여기엔 컴퓨터 공학과 생물학의 협업이 큰 역할을 했다(그림 3-5). 이는 서로 다른 분야의 전문가들이 모여 힘을 합치고, 비약적인 기술 발전을 이루어내 혁신을 만들어낸 대표적인 사례고, 이와 같은 사례들은 이제 점점 빈번하게 나타나고 있다.

문제들은 갈수록 어려워지고 기술은 복잡해지는 세상이다. 그렇기에 우리는 서로 협업을 하고, 힘을 합친다. 물론 혼자 고민하는 것보다는 수월해지는 것이 사실이다. 하지만, 이제는 단순한 협업이 아닌 상호가 보완적인 역할을 하여 시너지 효과를 낼 수 있는 '1+1=3'의 협업이 필요하다. 본 장에서 살펴본 한국인이 공동 연구원으로 참여하여 미국 특허청에 출원한 특허들에서 드러난 여러 현상은 이를 뒷받침해주고 있다. 자연 생태계에서도 악어새와 악어의 관계처럼 상호 보완적인 협업은 빈번하다. 기술 시장의 생태계도 마찬가지다. 복잡해지고 고도화되는 기술 시대 속에서 열린 자세로 협업을 대하는 것이 '1+1=3'의 협업으로 연결하는 열쇠가 될 수 있다.

II.
지식재산 활용

제4장

지식재산과 기술금융에 대한 이해

허인석
laserheo@hanamil.net

1 지식재산과 기업 성장

기업이 성장하기 위해서는 뛰어난 기술력, 마케팅 역량, 효율적 생산관리 및 인사관리 시스템 등이 필요하다. 특히, 다른 기업과의 차별적인 기술력은 높은 성장을 견인하는 핵심적인 요인이다. 특허 등 지식재산은 그 기업의 기술적 가치를 나타내며, 높은 기술적 가치는 높은 성장 잠재력을 내재하고 있다. 제품의 개발 및 마케팅을 위해서는 많은 자금이 필요하다. 벤처캐피털 등 투자자들은 기업의 많은 요인을 종합적으로 검토하여 투자 의사 결정을 한다.

다수 문헌에 따르면, 우수한 지식재산을 보유한 기업이 빠른 성장을 이루어낼 수 있어 투자 유치에도 높은 가능성을 가지고 있다고 한다. 특허는 기술 수준을 결정할 수 있는 가장 중요한 요인들 중 하나이다. Sohn, Kim and Moon(2007)은 특허를 이용하여 기술 수준을 평가하였다. 또한, 특허는 혁신적인 연구개발에 대한 도용 등으로부터 법적인 보호를 받을 수 있다.(Newbert,

2005) 이러한 이유로, 특허는 회사가 투자 유치를 유인하는 추가적인 가치를 지님으로써 투자자로부터 기꺼이 투자할 수 있도록 만든다.(Mann and Sager, 2007; Renko, Carsrud and Brännback, 2009) Engel and Keilbach(2007)는 회사가 보유하고 있는 특허 수는 벤처캐피털로부터 투자를 얻어낼 가능성을 더 높인다고 밝혔다. 또한, 특허 등 지식재산은 기업의 성장 잠재력이 높아 IPO(Initial Public Offering)에 성공할 가능성이 높다는 다수 문헌도 발견할 수 있다.(Kim and Heshmati, 2006; Stuart, Hoang and Hybels, 1999). 특허 수가 많은 기업이 특허가 적은 기업에 비하여 IPO에 성공하는 기업이 많다.(Heo, Sohn and Jie, 2014) 그들의 연구에 의하면 특허가 많은 기업이 부도를 내는 가능성도 적었음을 알 수 있다.

2 지식재산 펀드 조성

지식재산을 축적하기 위해서는 우수인력의 오랜 연구 활동이 필요하며, 이를 위해서는 충분한 자금이 필요하다. 하지만, 대부분의 초기 중소기업의 경우 자금 조달의 어려움을 겪고 있다. 이러한 어려움을 해소하고자, 한국 정부에서는 다양한 지원활동을 하고 있다. 연구 개발을 직접 지원하기도 하고, 연구 개발비와 벤처캐피털의 투자를 연계하는 지원사업을 하기도 한다.(Heo, Sohn and Jie, 2014) 이러한 노력에도 자금 조달에는 한계가 있다. 이에 따라, 지식재산을 담보로 한 대출이나, 지식재산에 직접 투자를 장려함으로써 지식재산 비즈니스 활성화 및 지식재산 경쟁력 강화를 위해 지식재산(IP)에 직접 투자 펀드 조성을(출처 : 특허청, 산업재산정책국 산업재산진흥과)하고 있다.

특허청은 2014년 10월 국내 중소기업이 보유한 우수 지식재산의 보호와 거래 활성화를 위해 모태펀드 특허계정을 통해 지식재산 자체에 직접 투자하는 펀드를 200억 원 규모로 조성하였다. 지식재산 비즈니스 전문기업은 미국 등 해외 특허권을 확보하여 라이선스 사업으로 로열티 수익을 올리고, 중소기업은 특허권에 대한 실시권을 부여받아 사업화에 활용하는 목적이다. 이를 통해 종래의 모태펀드가 중소기업에 투자되어 기업의 시설자금, 경영자금 등으로 활용되던 것에서 한 발짝 나아가, 중소기업의 우수 지식재산 확보는 물론 지식재산 비즈니스 업계 활성화를 통한 국내 지식재산 비즈니스 시장 확대를 기대할 수 있다.

선진국의 공공 IP 펀드 육성에 발 맞춰 우리나라도 2012년 '아이디어브리지 자산운용'이 출범하면서 IP펀드를 출시·운용하는 등 창의자본 육성에 나서고 있다. 세계적으로 가장 먼저 공공 IP펀드 조성에 앞장선 국가는 이스라엘로 요즈마(YOZMA) 펀드를 설립하였다. 특히 이 요즈마 펀드는 기술 생산에 초점을 맞추기보다 새로운 방식은 Sales & License Back이라는 수익 창출 모형을 개발하여 시장의 반향을 불러일으켰다.

Sales & License Back이란 기업이 보유한 IP를 투자자(펀드)에 매각하고 별도의 실시권 계약을 통해 투자자에게 사용료를 내는 방식으로 일반적으로 IP를 되사갈 수 있는 Buy Back 옵션이 부여되고 있다. IP Sales & License Back의 장점은 특허 매각을 통해 기업의 유동성을 크게 제고하여 부채 부담 없이 기업의 자금조달을 가능케 하고, 이때 기초 자산에 대한 적정한 평가는 거래 안정성에 결정적인 역할을 한다. 또한 사업화 펀드를 보유한 실시권자(lessee)의 채무불이행 가능성, 특허권 침해 가능성, 리스 거래를 위한 적절한 특허권 선택 등 모두 거래 안정성을 확보할 수 있다

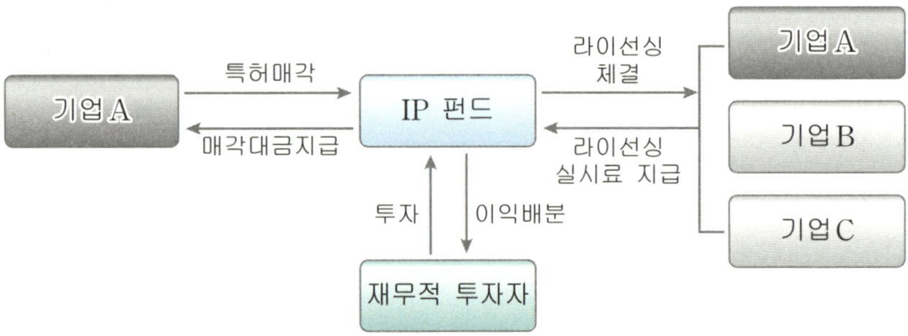

● 그림 4-1 ● Sales & License Back 구조

일본은 우리보다 2년 앞서 창의자본 공공 IP 펀드 조성을 시작했다. 2009년 7월 1,000억 엔(약 1조 2,800억 원)으로 시작한 일본의 IP펀드 주식회사 산업혁신기구(INCJ)는 2013년 1,560억 엔(약 1조 9,900억 원)으로 1.5배 넘게 자본금을 늘렸다. 일본의 펀드는 특히 대학 및 기업에서 아직 사업화되지 않고 있는 특허 및 첨단기술 등의 지식재산을 집약 활용하는 사업에 많은 자본금을 출자하고 있다.

우리나라의 지식재산금융과 IP펀드 조성 산업은 아직 초기 단계이다. 2012년 10월 지식재산 운영회사인 아이디어브리지 자산운용이 자본금 30억 원으로 설립되면서 IP펀드 조성 산업이 본격화되기 시작했으며 2012년 10월 산업은행이 250억 1,000만 원의 자본금을 출자해 '아이디어브리지 OPPORTUNITY 사모특별자산투자신탁' 펀드 2개를 출범시켰다. 이 펀드는 요즈마의 Sales & License Back 방식과 유사하게 운용되고 있다. 2016년 기준으로 약 5,000억 원 규모로 확대되었다. 이와 같은 IP에 대한 직접적인 투자, IP를 담보로 한 대출, IP를 이용한 소송, 보험 등 다양한 금융 상품이 탄생할 수 있다.

산업은행에 따르면 우리나라는 2014년을 기준으로 특허 출원건수가 세계 4위 수준이지만 IP의 수익화 및 금융 활용도는 낮은 편이다. IP 관련 무역수지는 62억 달러 적자로 2014년 한 해에만 미국 NPE(Non-Practicing Entity)가 한국기업을 대상으로 제기한 특허 침해 소송건수가 244건에 이른다. 세계 최대 NPE 사인 IV(Intellectual Venture)의 국내 특허 보유건수만 해도 1,200여 건이다.(출처 : 산업은행) 이러한 문제점을 해결하기 위하여 NPE형 IP펀드도 조성하였다.

펀드 설립 목적은 기업 등이 보유한 우수 IP를 발굴하여 IP 사업화 및 IP 가치 증대를 통해 수익을 창출하고 IP 거래시장 활성화 및 IP에 대한 투자 여건 조성을 도모하기 위함이다. 주요 투자 대상은 국내외 연구소, 대학, 기업 등이 보유하고 있는 우수 IP를 발굴하고 IP를 통한 기술사업화 과정에 투자, 수익화 가능성이 높은 IP에 대해서는 특허권리 보강, 마케팅 등을 통해 특허 가치를 높이는(Value up) 과정 지원, 해외 특허침해 소송으로부터 국내 기업 보호를 위해 해외 특허침해 소송 발생 시 특허 매입 및 컨설팅 활동 추진 등이다. 펀드 규모는 1,000억 원으로 산업은행과 기업은행이 각각 500억 원씩 출자하였다.(출처 : 금융위원회)

3 ____ IP 펀드에 대한 이해

지적재산권(IP)에 직접 투자하는 성장사다리펀드가 결성되었다. 중소·벤처 기업이 보유하거나 필요로 하는 지적재산권의 유통과 매매를 활성화하는 목적으로 조성하였다. 운용사는 중소·벤처기업에 지분투자 등을 주업으로 하고 있는 벤처캐피털(KB인베스트먼트 및 IDV-포스코) 2개사 선정하여 운용하고 있는 중이다.

IP펀드의 투자대상은 IP와 IP를 보유한 중소·중견기업이다. IP는 '지식재산 기본법' 법령 또는 조약 등에 따라 인정되거나 보호되는 지식재산에 대한 권리를 의미한다. IP펀드의 투자대상도 세분화된다. IP에 직접 투자하는 창의형과 IP를 기반으로 사업화 중인 중소·벤처기업이나 중견기업에 투자하는 벤처캐피털형이 있다. 창의형은 IP를 매입, 매각, 라이선싱 등의 방법으로 운용해 수익화하는 것을 목적으로 한다. 다만, 국내·외 특허 침해 소송 등을 주요 목적의 투자는 금지되어 있다.

창의형은 IP 투자의 경우 기업의 창의적 아이디어로 출발한 특허출원 단계부터 특허 취득 이후까지 유망 중소벤처기업을 상담하여, 이들이 보유한 우수 특허를 매입하고 가공하여 원천특허, 표준특허, 상용화 특허 등으로 가치를 증대시키는(Value-Up) IP투자, 특허를 담보로 투자를 하는 Sales & License Back을 통하여 기업의 개발 노력 보상과 운전자금 수요를 해결해주는 IP투자, 나아가 국내 기업의 글로벌 시장 진출 시 노출되는 특허소송 위험에 대비한 방어형 라이선스 IP투자를 진행 중이다.

전 세계적으로 혁신경제의 가속화로 인한 특허의 가치 급상승으로 특허가 독립적인 자산으로 인식되면서 해외에서는 특허 자체에 투자하는 여러 가지 수익화 모델이 알려져 있다. 해외 Intellectual Ventures(IV)나 국내 인텔렉추얼 디스커버리처럼 특허를 대량으로 매집하는 모델(Patent Aggregation)은 일정기간 후 투자 원금을 회수해야 하는 펀드(펀드 존속기간이 20년인 IV)의 경우와는 달리, 8년 IP펀드로는 만기 청산 부담 때문에 적절하지 않기 때문에, 매집보다 실행 가능한 활용계획에 입각한 특허 매입이 필요하다.

투자 특허 대상 선별 시, 기술표준과 부합하는 표준특허, 시장 출시 제품과 부합하는 상용화 특허, 임상실험을 통과한 제약 특허 등 고부가가치 특허 매입에 집중하고 있다. 특허에 직접 투자하는 창의형 IP투자는 IT 분야에서 가장 가치가 높은 표준특허나 상용특허, 그리고 BT 분야에서 임상실험을 통과한 특허에 관심을 집중하고 있다.

벤처캐피털형 투자는 투자대상 기업의 지분을 인수한 후 장래 기업공개 후 주식 장내매각 또는 M&A와 같은 거래 과정을 통하여 투자금을 회수한다. IP 펀드의 경우 기술과 특허를 중시하는 펀드로서, 주식 또는 CB, BW를 인수하는 방식의 중소·벤처기업 투자 시에도 IP 관련 사항을 중요하게 고려하고 있으며, 투자기업의 국제경쟁력 강화를 위해 보유 IP의 국제출원을 권장하고 있다.

R&D 과제 수행기업, 신보 및 기보 보증기업, 대학 및 연구소로부터의 기술이전 등을 통해 IP 연관성이 높은 기업에 투자하고 있으며, 전기, 에너지, 기계, 자동차, 반도체, 오디오, 영상, 광학, 바이오메디컬 분야 등 특허가 많은 산업분야에 주로 투자하고 있다.

4 국내 지식재산 동향과 투자 전략

특허 외에도 저작권을 주목하여, 다양한 방식으로 매출을 올리고 있는 디지털 콘텐츠(드라마, 영화, 게임, 모바일 앱) 산업에도 일부 투자 중이다. 2000~2011 한국의 특허동향(특허청, 2013)에 따르면, 41개 국가산업단지 중 특허출원 분포는 대덕대덕연구개발특구, 포항국가산업단지, 반월특수지역(시화지구) 순이다. 수도권 소재 국가산업단지의 경우, 업종별 분포는 전기기계/에너지 분야, 반도체, 오디오/영상기술 순으로 출원활동이 많았다.

호남권 국가산업단지의 경우 광학 분야가 1,220건으로 가장 많았으며, 영남권 국가산업단지의 경우 재료/금속 분야가 7,073건으로 가장 많았고, 가장 높은 증가율을 보인 것은 자동차 분야였다.(연평균 33% 증가율)

2012년 지식재산활동 실태조사(특허청)에 따르면, 2011년 국내 기업 18,418개, 대학과 공공연구기관 238개, 총 18,656개를 대상으로 하여 설문조사를 한 결과, 20건 이상(연평균 10건 이상)의 산업재산권을 출원했거나 100건 이상(연평균 20건 이상)을 등록한 기업은 1,827개였고, 이러한 기업 및 기관들을 관련 산업별로 나누어 분류하였을 때, 등록건수 비중이 큰 산업군은 기계, 도매 및 소매, 사업서비스 및 통신, 화학, 전기전자, 종이 및 인쇄출판업 순으로 나타났다.

기업 평균 특허권 활용률 및 사업화율은 89.9%였고, 대학과 공공연구기관의 특허권 활용률은 17.1%로 조사되어, 영리법인인 기업의 특허권 활용도가

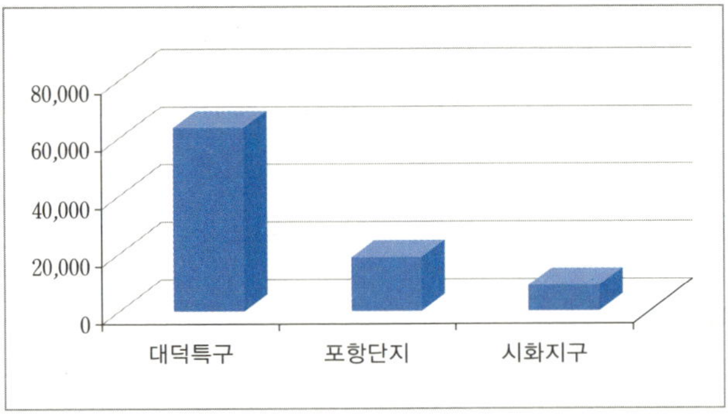

• 그림 4-2 • 국가산업단지별 특허건수 분포

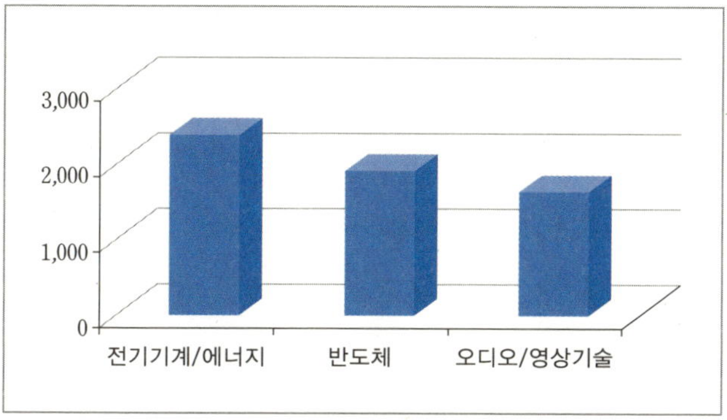

• 그림 4-3 • 수도권 소재 국가산업단지 내 업종별 특허건수

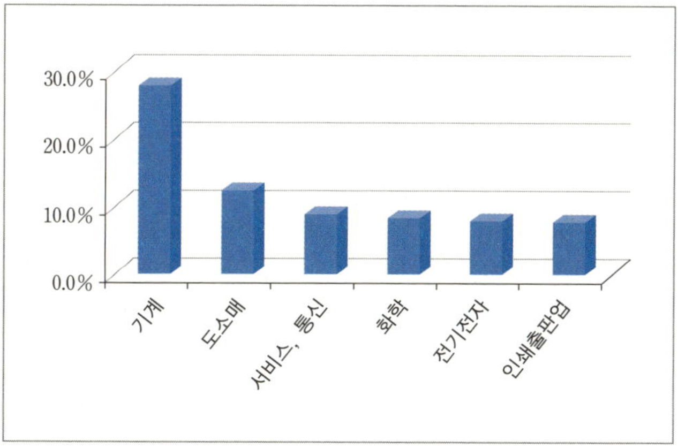

• 그림 4-4 • 산업군별 등록건수 비중(%)

연구기관에 비해 훨씬 높은 것을 알 수 있다. 지식재산권 침해로 인한 피해 현황은 2011년 중 1건 이상의 지식재산권 침해를 받은 기업이 전체의 4.3%였고 평균 침해 건수는 2.82건이다. 그중 특허권 침해를 한 제조자 중 72.6%가 국내 기업, 22%는 해외기업으로 나타나 국내 특허를 해외기업이 침해하는 사례가 상당히 많음이 드러났고, 지식재산권 침해에 대응할 때의 애로사항으로 조사 응답자 중 67.7%는 '과도한 시간과 비용이 소요됨'을 꼽았던 바, 정부나 특

수기관에서 국내 지식재산권자의 피해구제를 위해 자금과 제도적 지원을 고민해야 할 상황임을 알 수 있다.

이처럼, 국내를 비롯한 많은 해외 기업에서 특허를 중심으로 한 지식재산에 대한 관심이 높아지고 있다. 국내의 경우 종래의 방어적인 목적으로 특허를 등록하여 활용도가 적었으나, 최근 많은 정책들을 기반하여 특허 담보 대출, 특허를 이용한 Sales & License Back, 특허 매입 등 다양한 방법으로 지식재산을 이용하여 거래되고 있어 특허의 활용도가 높아지고 있다.

제5장

기후변화협약 후, 무엇이 달라졌나? 특허로 평가하기

조준형
paul619@naver.com

1 기후변화협약이란?

기후변화협약은 계속해서 증가하는 온실가스 배출량을 줄이기 위한 국제 협약이다. 1980년대 들어 이상기후로 인한 자연재해가 세계 각지에서 빈번하게 발생함으로써 지구온난화에 관한 과학적 근거가 필요하다는 인식이 확산되었다. 이에 따라, 1988년 유엔 환경위원회(UNEP, United Nations Environment Programme)와 세계기상기구(WMO)가 공동으로 설립한 국제 과학자 그룹인 기후변화에 관한 정부간협의체(IPCC)가 활동을 시작하였고, 1992년 6월 브라질 리우에서 열린 UN환경개발회의에서 유엔기후변화협약(UNFCC, United Nations Framework Convention on Climate Change)이 처음으로 채택되었다. 기후변화협약에 따라서 선진국과 개도국들은 각자의 능력에 따라 특허를 출원하고 기술을 개발하여 온실가스를 감축하였으나, 목표 수준이 없어 효과가 미비했다. 이후, 기후변화협약상의 온실가스 감축의무만으로는 불충분하다고 판단되어 온실가스 감축목표를 설정하는 교토의정서(Kyoto Protocol)가 1997년에 채택되었다.

온실가스 감축을 위한 노력에는 많은 비용이 요구되며 경제적 피해가 발생된다. 그러나 교토의정서는 유럽 등 선진국에 대해서만 감축의무를 부과하여 선진국들만 경제적 피해를 발생시켜 국가 간 갈등을 유발했다. 이에 따라, 미국의 부시 전 대통령은 교토의정서 참여를 거부했으며, 일본, 캐나다, 러시아, 뉴질랜드 등이 잇따라 교토의정서를 탈퇴했다. 실제로 세계 최대 온실가스 배출국인 중국과 인도 등은 개발도상국이라는 이유로 감축 의무가 부과되지 않아 교토의정서의 실효성이 떨어진다는 비판도 제기되어 왔다. 이에 따라, 2020년부터 시행하는 파리협정(Paris Agreement)는 감축 정도에는 차이가 있되, 선진국을 제외한 개발도상국까지 감축 의무를 지니게 된다.

이때까지 많은 기후변화협약들이 존재했지만, 아직까지 만족할 만한 성과를 이루지 못했다. 다음 기후변화협약에서 만족할만한 성과를 이루기 위해서는 각 나라에서 출원하는 특허들의 기술 효율성과 온실가스 감축을 위한 국가 차원의 환경의식 수준을 알아보는 것은 매우 중요하다. 실제로 친환경 기술들은 CO_2 감축의 큰 역할을 하고있으며, 이에 따라 특허데이터를 활용한 친환경 기술들의 성과에 대한 평가는 많은 연구자들로부터 진행되어 오고 있다.(Wang, Yin, Zhang, and Zhang, 2012 ; Weina, Botang, Xin and Mazzanti, 2015 ; Kwon, Cho and Sohn, 2017).

2 EU-Bubble

교토의정서가 발표된 이후, 많은 나라에서 CO_2 배출량 증가를 막기 위해서

R&D를 투자하여 친환경 기술을 개발하고 있다. 특히, EU 국가들의 대부분은 높은 감축목표를 정함으로써, 다른 나라들보다 앞서 온실가스 및 CO_2 배출량을 줄이고자 하고 있다. 교토의정서에 따르면, EU는 온실가스 배출량을 2020년까지 1990년 대비 20~30% 감축을 목표로 하고 있다. 하지만, EU 국가 간에 기술력, GDP 등이 서로 많은 차이가 있어, 동일한 CO_2 감축목표를 시행하는 데 어려움이 있다. 이를 해결하기 위해, EU 국가들 중 15개의 국가들은 개별 국가의 사정에 따라 책임을 분담하여 함께 온실가스 배출량 감축을 시행하는 EU Bubble을 형성하였다. 실제로 교토의정서 제4조에 의하면, 국가 간 연합을 통한 공동 감축목표달성을 허용하고 있다.

EU Bubble 국가로는 오스트리아, 벨기에, 덴마크, 핀란드, 프랑스, 독일, 이탈리아, 룩셈부르크, 네덜란드, 스페인, 스웨덴, 영국이 있다.

이 중 그리스, 포르투갈, 아일랜드는 CO_2 배출량 감축을 위한 특허출원이

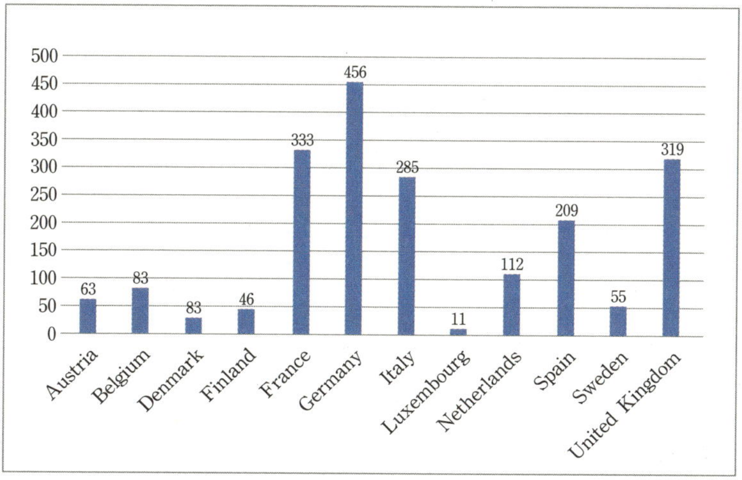

Kwon, Cho and Sohn(2017)

• 그림 5-1 • EU bubble국가들의 CO_2 배출량(2007~2010)

2005년부터 2007년까지 10개 미만이다(Kwon, Cho and Sohn, 2017). 위 3개의 나라를 제외한 12개의 EU Buuble 국가들의 2007년부터 2010년까지 화석연료 에너지로부터 배출되는 평균 CO_2 배출량은 그림 5-1에 나타나 있으며, 각 나라마다 배출하는 CO_2 량이 큰 차이가 있음을 알 수 있다. EU Bubble 국가들 중 CO_2 배출량 증가에 기여한 나라들은 5개 국가로 독일, 프랑스, 영국, 이탈리아, 스페인이 있다. 나머지 7개의 나라들은 CO_2 배출량은 상대적으로 적지만, 온실가스 배출량의 심각성을 알고 줄이기 위해 참여한 나라들이라고 여길 수 있다.

3 EU Bubble 국가들의 CO_2 배출량 감축 특허 양상

대부분의 CO_2 배출량은 화석연료의 연소로부터 발생되며(Zou and Ang, 2008), 신재생 에너지의 바이오매스(biomass) 또는 생물연료(biofuel)에 의해서 발생되기도 한다(Kwon, Cho and Sohn, 2017). CO_2 감축목표 달성을 위해서는 CO_2 배출량을 완화시킬 수 있는 기술을 개발하는 것이 매우 중요하다. 신재생 또는 원자력 에너지 사용 및 CCS(carbon capture & storage)를 통한, 에너지 효율 개선은 CO_2 배출량 감축을 가져온다. 특히, 화석연료, 신재생 에너지 그리고 탄소 저장 에너지 관련 기술들은 에너지 배출을 완화시키는 데 큰 역할을 한다(Kwon, Cho and Sohn, 2017). 이에 따라, 각 나라에서 교토의정서의 발효시점인 2005년도부터 3년간 특허출원이 어떻게 이루어지고 있는지 살펴보았다.

그림 5-2는 각 나라의 화석연료, 신재생 에너지, 탄소 저장관련 특허 출원수를 보여준다. 일반적으로 화석연료가 CO_2 배출량의 주 원인인 만큼 가장 많

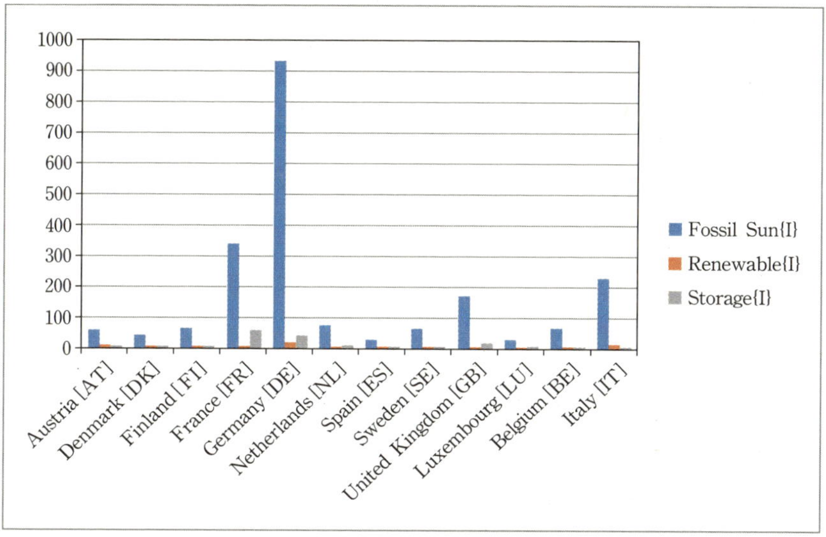

• 그림 5-2 • EU bubble국가들의 CO_2 배출량 감축 특허 양상

이 특허가 출원되어 화석연료관련 기술을 가장 중요시함을 알 수 있었다. 신재생 에너지 기술과 탄소 저장기술의 출원 비율은 각 나라마다 달랐으며, 신재생 에너지 기술을 더욱 중요시하는 나라로는 오스트리아, 덴마크, 핀란드, 이탈리아가 있다. 반대로, 탄소 저장기술을 더 중요시하여, 많이 개발하는 나라로는 프랑스, 독일, 네덜란드, 스페인, 영국, 룩셈부르크가 있다. 또한, 스웨덴과 벨기에에서는 신재생 에너지 기술과 탄소 저장기술이 동일한 비율로 개발되고 있음을 확인할 수 있었다.

CO_2 배출량 감축을 가져오는 특허를 많이 출원하는 나라로는 독일, 이탈리아, 프랑스, 영국이 있다. 특히 독일은 다른 나라들에 비해서 많은 특허를 출원하고 있어, 다른 나라들에 비해 CO_2 배출량을 감축시키는 기술들을 많이 개발하고 있음을 알 수 있었다.

4 기술 효율성(Technological Efficiency) 평가

각 나라가 출원한 기술들이 얼마나 효과적으로 CO_2 감축을 가져오고 있는지 알아볼 필요가 있다. CO_2 배출량을 나누는 요인은 Kaya identity가 가장 널리 알려져 있으며, Jung, An, Dodbiba and Fujta(2012)은 Kaya identity를 응용하여 에너지로 소비로부터 발생하는 CO_2 배출량을 인구 효과(인구), 생산 효과(GDP/인구), 에너지 집약도 효과(전체 에너지소비량/GDP), 연료믹스 효과(연료 에너지 소비량/전체 에너지소비량), 배출계수 효과(CO_2/연료 에너지 소비량)로 총 다섯 가지 요인들로 나누었다. 그러나 다섯 가지 요인들 중, 에너지 효율성 기술들과 관련된 요인들로는 에너지 집약도 효과, 연료믹스 효과, 배출계수 효과 총 3가지 요인들이 있다(Kwon, Cho and Sohn, 2017).

CO_2 배출량 감축을 가져오는 기술들이 에너지 집약도 효과, 연료믹스 효과, 배출계수 효과에 따른 CO_2 배출량을 효율적으로 줄여주는지 알아볼 필요가 있다. 따라서, EU bubble 국가들의 화석연료, 신재생 에너지 그리고 탄소저장 에너지 기술들이 위 세 가지 요인들을 얼마나 효율적으로 감축시키는지 자료포락분석(DEA)를 통해 알아보았다. DEA는 분석대상들의 상대적인 효율성을 직관적으로 보여주기 때문에, 어떠한 투입 및 산출요소를 개선시켜야만 비효율적인 대상들이 효율적인 벤치마킹 대상들과 동일한 효율을 얻을 수 있는지 구체적으로 제시해준다.

Kwon, Cho and Sohn(2017)의 연구는 DEA의 CCR 모형과 BCC모형을 통해 나온 기술 효율성과 순수기술 효율성을 보여주며, 이를 통해 규모의 효율성 점수(Scale Efficiency)를 산정하여 보여준다.〈표 5-1〉

● 표 5-1 ● EU bubble 국가들의 상대적 효율성 측정 결과

Decision Making Unit(DMU)	CCR(%) (기술의 효율성)	BCC(%) (순수기술 효율성)	Scale Efficiency (규모의 효율성)
오스트리아	1	1	1
벨기에	1	1	1
덴마크	1	1	1
핀란드	1	1	1
룩셈부르크	1	1	1
스페인	1	1	1
스웨덴	1	1	1
네덜란드	0.58	1	0.58
이탈리아	0.27	1	0.27
영국	0.23	0.81	0.28
프랑스	0.15	0.88	0.17
독일	0.04	0.67	0.06

Kwon, Cho and Sohn(2017)

9개의 국가들(오스트리아, 벨기에, 덴마크, 핀란드, 룩셈부르크, 스페인, 스웨덴, 네덜란드, 이탈리아)은 효과적인 기술을 가지고 있었으며, 이에 따라 1의 기술 효율성 점수를 가졌다. 반면에, 3개의 국가들(영국, 프랑스, 독일) 같은 경우는 기술 효율성 점수가 상대적으로 낮음을 확인할 수 있었다. 이들은 상대적으로 특허를 많이 출원하기는 하지만, 그에 반해 CO_2 배출량의 감소가 미비한 것으로 판단 할 수 있다. 비록 12개의 국가들의 CO_2 배출량이 서로 다르고 출원하는 특허 수가 다르지만, 많은 국가들이 규모의 효율성 면에서 CO_2를 잘 줄이고 있음을 확인했다.

5 ____ 자발적 환경 의식 평가

효과적인 CO_2 감축을 위해 각 나라의 CO_2 감축 노력을 정량화 할 필요가 있다. 각 국가의 CO_2 감축을 위한 노력은 CO_2 배출량 대비 출원한 특허 수로 평가할 수 있다. 실제로 기후 변화 해결에 있어 높은 환경의식 수준을 가지고 있는 나라들은 CO_2 배출량 감축을 위해 노력할 것이기 때문에, 이러한 나라들은 높은 자발적 환경 의식(Voluntary Environmental Consciousness, VEC)을 가지고 있다고 볼 수 있다.

● 표 5-2 ● EU bubble 국가들의 자발적 환경 의식 평가

DMU	VEC	RANK
덴마크	1	1
프랑스	1	1
독일	1	1
이탈리아	1	1
네덜란드	1	1
스페인	1	1
스웨덴	1	1
영국	0.51	8
핀란드	0.28	9
오스트리아	0.20	10
벨기에	0.15	11
룩셈부르크	0.14	12

Kwon, Cho and Sohn(2017)

Kwon, Cho and Sohn(2017)는 EU bubble 국가들의 자발적 환경 의식 수준을 평가하여 순위를 선정했다 〈표 5-2〉. 7개의 국가들(덴마크, 프랑스, 독일, 이탈리아, 네덜란드, 스페인, 스웨덴)은 높은 VEC 점수를 가진 것을 확인할 수 있다. 0.51의 VEC 점수를 가진 중간 수준의 영국을 제외한 나머지 4개의 국가들(영국, 핀란드, 오스트리아, 벨기에)은 낮은 수준의 VEC 점수를 가졌음을 확인할 수 있다. 이는 4개의 국가들은 배출하는 CO_2량에 비해서 출원하는 특허 수가 적어 CO_2 배출량을 줄이려는 책임의식이 적다고 판단 할 있다. 따라서 4개의 국가들은 좀 더 CO_2 배출량 감축을 이끄는 기술들을 개발하기 위한 노력을 할 필요가 있다.

6 ____ 맺음말

지구온난화에 따른 기후변화를 예방하기 위하여 1992년 리우 환경회의에서 채택된 기후변화협약(UNFCCC)을 시작으로 교토의정서와 파리협정까지 많은 기후변화협약들이 채택되어 왔다. 그러나 아직까지 만족할 만한 성과를 이끌지 못해, 매번 다른 기후변화협약이 나오고 있는 상황이다. 이를 해결하기 위해서, 현재 각 나라에서 개발하는 기술들의 효율성과 기후변화에 따른 피해를 줄이기 위한 국가차원의 환경의식 수준을 알아볼 필요가 있다. 또한, 앞서 진행된 기후변화협약으로부터 도출된 각 나라의 기술효율성과 자발적 환경의식 수준을 다음 기후변화협약에 반영할 필요가 있다.

III.
지식재산 보호

제6장

요리 레시피를 특허로?

이정표
leejungp199@gmail.com

1 들어가는 말

음식을 입으로 맛볼 뿐만 아니라 눈과 귀로도 즐길 수 있는 시대가 왔다. TV, 잡지, 뉴스, 광고 등에서 '미식'에 관련된 것들을 다루다 보니 맛집 열풍이 불면서 식도락은 어엿한 취미로 자리 잡게 되었다. 필자 역시 이러한 분위기에 편승해 맛집 찾기 취미를 가지게 되었고 그러던 중 음식점 메뉴에 붙은 흥미로운 문구를 발견하게 된다.

'갈비탕 특허 등록한 명가'

당시 특허계량분석연구를 시작한지 얼마 되지 않아 특허에 대한 지식이 부족했던 신입 연구원으로써 음식 조리법을 특허로 보호할 수 있다는 사실이 매우 흥미롭게 다가왔다. 보통 일반적인 특허라면 기술을 보호할 때 사용하는 것으로 알고 있었는데 음식 조리법도 특허로 보호할 수 있다니……. 바야흐로 음식 조리법도 법의 보호를 받는 시대가 왔음을 실감했다. 그렇다면 우리 집안 내내 전수되었던 특별한 김치찌개 조리법도 특허로 내면 돈을 좀 벌 수 있지 않을까? 하지만 그럴 경우 조리법이 공개되는데 이로 인한 불이익은 없을까? 정말 특허로 안전하게 보호할 수 있을까? 이런 순진한 궁금증을 가지고 음식 특허에 대해 알아보았다.

2 ____ 조리법을 특허로 보호할 수 있을까?

'제가 개발한 조리법을 특허로 보호할 수 있을까요?' 결론적으로 얘기하면 답은 '가능하다'이다. 실제로 음식 조리법 특허 신청이 가능한지의 여부를 묻는 질문은 미국 특허청, United States Patent Office(USPTO)에서 가장 빈번하게 듣는 질문 중 하나라고 한다. 실제로 하늘 아래 새로운 것은 없을 것 같지만 비슷한 음식을 두고 '내가 먼저야' 하는 논쟁도 심심치 않게 벌어진다.

USPTO(2013)에 따르면 위와 같은 질문에 대한 답을 위해서는 먼저 United States Code, Section 101의 Title 35 "새롭고 유용한 절차, 기계, 생산물 혹은 사물의 결합 형태 혹은 그것의 새로운 혹은 향상된 상태(new and useful process, machine, manufacture, or composition of matter, or any new and useful improvement thereof)"에 음식 조리법이 포함될 수 있는지를 살펴볼 필요가 있다. 음식의 구성요소를 다음과 같은 세 가지로 나눌 수 있다.

위의 세 가지를 특허로 보호할 수 있는 것들(Patentable subject matter)의 관점에서 보았을 때, 음식 재료 리스트는 특허법에서 특허를 허용하는 기준 중 일부인 '생산물의 결합'에 해당하고 음식이 만들어지는 방법은 '절차'에 해당하기

- ▶ A list of ingredients
  (음식 재료 리스트)
- ▶ Instructions on how to combine and cook them
  (재료를 섞어서 요리하는 방법)
- ▶ The final product resulting from the first two components
  (사용되는 재료로부터 만들어지는 최종 제품)

때문에 결국 음식 조리법을 특허로 보호가 가능하다는 결론을 내릴 수 있다. 한국 특허청 역시 비슷한 이유로 음식 조리법을 특허를 사용해 보호할 수 있게 해준다.

하지만 이러한 조항에도 불구하고 모든 조리법들이 특허로 보호 받을 수 도 있는 것은 아니다. 대부분의 경우 "킬러 마가리타" 또는 "끝내주는 바비큐 소스" 같은 기존 조리법에서 크게 벗어나지 않는 일반적인 제조법은 충분히 참신하지 않기 때문에 특허 등록 심사에서 주로 평가하는 참신함(non-obviousness)의 요구 사항을 충족하지 못한다. 실제로 조리법이 기존의 재료 조합을 사용하는 경우가 대부분인 상황에서 다른 어느 곳에서도 사용되지 않은 요리법을 생각해 내는 것은 어렵기 때문에 참신함은 조리법 특허 등록심사 통과에서 종종 문제가 된다.

그러나 항상 예외가 존재하며 경우에 따라 조리법이 독특하거나 예상치 못한 것을 제공할 때 참신성이 있다고 인정받을 수 있다. 특히 이는 반직관적이거나 기존 음식에서 진보된(예: 유통 기한이나 신선도 같은 음식 관련 특정한 문제의 해결) 조리법일 경우가 해당된다. 이러한 참신성에 대해 다음과 같은 예시를 들 수 있다.

- ▶ 뜻밖의 시너지 효과를 제공하는 성분 조합
- ▶ 표준 성분 대체물
- ▶ 결과 식품의 특성에 예기치 않은 영향을 주는 첨가제

만일 새로 개발한 조리법이 예시들처럼 기존 조리법과는 차별화된 참신성을 가지고 있다면 음식 조리법 특허 출원을 고려해볼 수 있겠다. 위 예시에서 알 수 있듯이 까다로운 특허 심사관을 설득해 특허 등록거부를 극복하는 한 가지 방법은 반직관적이고 기존 일반적인 음식과 차별화된 새로운 조리법의 특별한 측면이 있음을 입증하는 것이다. 다음 소개되는 몇 가지 음식 조리법 특허들은 위에서 언급된 참신성에 해당하는 사항을 효과적으로 언급하며 특허 등록에 성공했다.

미국특허 US8747935는 '영양적으로 개선된 파스타(Nutritionally enhanced pasta)'에 관한 내용이다. 본 발명은 기존 파스타에 비해 영양적으로 개선된 풍부한 단백질을 지닌 파스타 반죽 형성에 관한 것이다. 적절하게 효소를 포함한 텍스처 수정 에이전트는 밀가루로 만들어진 파스타 제품보다 영양적으로 개선된 파스타 반죽을 만드는 것을 가능하게 한다.

미국특허 US5260087에 해당하는 '매운 닭 양념소스 제조방법(Chicken hot and spicy sauce and preparation method thereof)'는 매콤하고 독특한 맛뿐만 아니라 소스를 만드는 과정에서 사용되는 닭뼈가 칼슘과 단백질을 풍부하게 만들어 준다. 또한 많은 야채로부터 생성된 풍부한 식이섬유는 간과 콩팥을 정화시키는 기능을 가지고 있다.

국내에서 등록된 특허들 역시 기존 조리법에서 기술적 혹은 기능적으로 진보된 참신함을 가진 조리법 특허들이 등록되었음을 다음 사례를 통해서 알 수 있다.

국내 특허 10-1753948에 해당하는 '바위 솔에서 추출한 진액을 이용한 냉면 제조방법'은 산지의 바위 겉에 붙어서 자라며 근래에는 건강식품으로도 개발되고 있는 바위솔을 이용한 것으로 바위솔에서 추출한 진액을 이용한 냉면 제조방법에 관한 것이다. 건강에 좋지만 음식으로 섭취하기에는 거북한 바위솔을 우리의 식생활에 있어 누구나 쉽게 접할 수 있는 냉면 면으로 만들어 식감이 거북하지 않게 먹을 수 있도록 함과 동시에 건강에도 도움을 주기 위해 개발한 공로를 인정받아 특허 등록에 성공할 수 있었다.

국내 특허 10-1718349에 해당하는 '포장용 김치찌개의 제조방법'은 김치찌개 제조 후 일정 시간이 소요되더라도 김치찌개의 초기 식감을 유지할 수 있을 뿐 아니라 별도의 살균공정 없이 제조과정에서 김치찌개가 살균되도록 함으로써 세균 번식에 따른 질병유발을 미연에 방지하면서도 생산성은 유지할 수 있는 효과가 있는 점을 참신함으로 인정받아 특허 등록에 성공할 수 있었다.

3 ____ 특허를 통한 음식제조법 보호사례

위와 같은 조항을 이용해서 특허를 사용해 음식의 제조과정을 보호하는 것은 실제로 개인한테는 잘 알려져 있지 않은 사실이지만 해당 산업에서는 흔히 찾아 볼 수 있다. 기술의 발전 속도가 빨라지고 시장이 더 커지는 상황에서 경쟁자들이 독립적으로 비슷한 기술을 만들 수 있고 또한 기존 기술을 보고 분석해서 표방할 수 있는 가능성이 있다. 이 점에서 특허는 경쟁자들로부터 기술을 효과적, 효율적으로 보호해 주는 역할을 한다. 요식업에서도 이와 같은 이유로 음식 관련 기술과 제조과정을 특허를 사용해서 보호하는 것을 흔히 찾아볼 수 있다. 특히 음식 산업은 매우 경쟁이 치열하고 관련 규제와 고객들의 요구 사항이 까다롭다. 이에 따라 신제품 개발과 기존 제품 보호의 필요성이 점점 더 커지는 상황에서, 최근 음식 제조과정을 보호해 주는 특허의 중요성이 대두되고 있다.

최근의 호주 법원 판례 두 건은 식품 부문의 혁신이 항상 수월하지는 않을 수 있음을 강조한다. 소개되는 판례에서 기업들은 자신의 권리를 보호하고 쟁취하기 위해 효과적으로 특허 시스템을 사용했다.

Novozymes vs Danisco

최근 호주 법원은 덴마크 생명 공학 회사들인 Novozymes A/S와 Danisco A/S 간의 분쟁을 조정했다. 분쟁의 핵심은 '기능성 성분(functional ingredient)'이 포함된 베이크 음식물의 제조였다. 여기에서 '기능성 성분'이라는 용어는 사용된 상황에 따라 다른 의미를 지닌다. 넓게 정의될 때, 기능성 성분은 좋은 영양을 지원하는 것 이외에 식품에서 특정 기능을 수행하는 모든 성분일 수 있다.

Danisco의 특허 과정은 베이킹 과정에서 비활성화되기 전에 식품 재료에 존재하는 성분(constituents)들로부터 두 가지 기능성 성분을 생산할 수 있는 효소에 의존했다. 산업에서 사용되는 일반적인 효소는 미생물 유래의 단백질로 생화학 반응에서 촉매로 사용되는데 식료품 생산 과정에서 가공 보조제로 사용되는 효소는 생산 중에 궁극적으로 비활성화되지만 첨가물로 간주되지 않는다. 따라서 산업 및 소비자 관점 모두에서 식품 생산에 효소를 사용하는 것이 이점이 있다.

하급법원에서 Danisco는 Novozymes의 Lipopan Xtra가 구운 제품을 생산하고 공급했다는 이유로 특허 침해를 주장했다. Lipopan Xtra는 동물성 및 식물성 오일에서 발견되는 지방에 작용해 유화 특성을 지닌 지방질을 생산하는 리파제 효소에 부여된 상표인데 생성된 지방질은 반죽에 사용되어 구운 빵의 부드러움을 증가시킬 수 있다. Danisco의 특허와 관련하여 Lipopan Xtra가 생산한 지방질은 기능성 성분으로 간주된다. 이에 대한 대응으로 Novozymes는 여러 가지 이유를 문제 삼으며 Danisco 특허의 유효성에 대해 이의를 제기했다. 특히 Danisco의 발명은 이전 Novozymes 특허에 비해 참신함이 부족하다는 주장을 하며 이전 Novozymes의 특허가 빵의 맛과 질을 향상시키기 위해 효소(리파아제 활성을 갖는 포스포 리파아제)를 사용하는 사례를 예로 들었다. 명세서는 포스포 리파아제가 이중 활성을 갖는 것으로 기술하였지만, 실제로 본 발명은 인 함유 성분을 감소시킴으로써 빵을 개선시키는 것에 관한 것이었다. 리포아제와 동일한 방식으로 기능성 성분을 생산할 수 있는 포스포 리파아제의 잠재력은 Novozymes의 특허가 출원된 시기에 알려지지 않았다. 그럼에도 불구하고, Novozymes은 포스포 리파아제의 사용이 필연적으로 Danisco의 특허 과정을 초래했을 것이라고 주장했다. 하지만 Novozymes의 특허에서 기능성 성분 생산에 대한 공시가 없었기 때문에 이 주장은 거부되었고 궁극적으로 Danisco의 승리로 결정되었다.

특허 관련 법 중에는 'Inevitable result(피할 수 없는 결과)'라는 법칙이 있는데 이를 다음과 같이 요약할 수 있다. "이전 특허 발명 공개의 지시사항을 보고 따라했을 때 필연적으로 청구가 침해될 수 있는 무언가가 만들어질 때 이전 특허 발명의 보호권을 주장할 수 있다". Novozyme은 연속적으로 'Inevitable result'의 원칙을 주장하면서 연방 법원에 항소했다. 결국 연방 법원은 Novozymes의 이전 특허를 재검토하면서 1차 심사가 위의 원칙을 잘못 해석하고 전문가의 증언을 완전히 평가하지 못했다고 간주하며 위의 원칙을 적용해 1차 심사 위원의 발견을 기각했다. 그러므로 Novozymes의 이전 특허의 공개된 지시사항을 이행했을 시 필연적으로 기능성 성분을 생산할 것이라는 견해를 뒷받침하는 증거가 있다고 판결을 내렸고 따라서 Danisco의 특허를 무효화했다.

4 ____ 음식특허는 정말 효과적일까?

그렇다면 정말 특허를 통해 효과적으로 요리 조리법을 보호할 수 있을까? 실제 요리 업계와 법률 분야에서도 지적 재산권 보호, 특히 특허가 조리 기술과 요리법의 보호에도 효과적인지에 관해 강한 논쟁이 있다. 먼저 특허에 대해 부정적으로 생각하는 의견을 살펴보면 출원하는 데 드는 비싼 비용, 특허 유지비용, 권리 침해로부터 보호하는 데 드는 비용과 부담감, 그리고 과정의 복잡함과 시간이 많이 소요된다는 점 등을 뽑을 수 있다. 그중 가장 치명적인 것은 특허 취득을 통해 일반 대중에게 본 발명의 공개를 요구하는 특성인데 실제로 특허의 수명은 일반적으로 20년으로 제한적이지만 비밀로 유지할 경우평생 보호가 가능할 수 도 있다.

하지만 이러한 단점에도 불구하고 최근 유명 요리사와 요리연구가들을 필두로 많은 관련 업계 종사자들이 음식산업에서 커져가는 특허의 중요성을 언급하고 있다.

Arons(2015)는 특허가 효과적이지 않다는 주장에 대해 요리사들의 관점에서 다음과 같이 논리 있게 반박했다. 먼저 특허 출원을 하면 조리법이나 기법이 대중에게 공개되고 따라서 누구나 쉽게 복제 할 수 있다는 비판에 대해서 그들은 이렇게 대변한다. 특허 출원이 공개되면 웹 사이트 등을 통해 대중에게 공개될 수 있고 특허가 등록되기까지 아무런 법적 보호를 받을 수 없어 특허 출원에서 아이디어를 도용당할 가능성이 있지만, 출원할 때는 조리법을 자세하게 기재하지 않아도 된다. 예를 들면 15g의 갈릭 소스가 재료로 들어갈 경우 정확히 15g 대신 10g부터 20g 사이 정도의 범위로 표기되기 때문에 따라 해도 정확한 맛을 내기 어렵다. 또한 특허가 등록된 이후에는 법적 파급 효과가 바로 발생해 기술을 성공적으로 보호할 수 있다. 특허가 등록이 되지 않을 경우를 대비해 특허 출원인은 단순히 자신의 신청서에 "기밀"이라고 표시할 수 있다. 이를 통해 특허청은 특허가 등록될 때까지 신청서에 있는 그 어떤 것도 밝힐 수 없다. 이 같은 방법으로 요리사나 요리연구가가 출원 과정에서 또는 특허 등록이 거부되는 경우에 도난당한 아이디어를 효과적으로 보호할 수 있다. 마지막으로 특허의 공개특성 때문에 아이디어가 공개되어 누구나 쉽게 도용할 수 있다는 주장은 최근 인터넷이나 미디어의 발달로 통해 창의적인 음식 기술과 조리법이 집중세례를 받으면서 굳이 특허 공개 때문이 아니더라도 끊임없이 소문이 나며 대중들에게 알려지고 음식 비평가들에게 논의당한다는 사실을 간과하고 있다. 이로 인해 공개된 기술과 조리법은 진보된 기술 수준과 광범위한 정보를 통해 경쟁 업체가 독자적으로 또는 상업 제품을 분석

함으로써 유사한 프로세스를 개발하도록 할 수 있는 가능성이 있다. 이러한 부분에서 특허는 지적 재산을 보호하는 데 유용한 도구가 될 수 있다. 만약 자신의 요리 기술에 대해 특허권을 갖고 있을시 다른 요리사가 동의 없이 유사한 기술을 사용하고 있다는 것을 알게 될 때, 침해자를 상대로 소송을 제기 할 수 있다. 그렇게 함으로써, 요리사나 요리연구가들은 다른 사람들이 자신의 특허 기술이나 제품을 사용하지 못하도록 손해 배상이나 구제책을 구할 수 있다.

또한 비평가들은 특허 자체가 음식 업계에 해로운 것이라고 주장하는데 이는 요리사가 사용 할 수 있는 조리법이나 기술의 수를 제한할 수도 있다는 가능성 때문이다. 하지만 특허 보호가 요리사가 서로 다른 창의적인 요리법과 기술을 창출하도록 인센티브를 제공함으로써 요리사가 자신의 노력에 대한 보호와 금전적 혜택을 받아 큰 수익을 얻을 수 있는 가능성 때문에 이러한 비판은 큰 논쟁거리라고 할 수 없다. 예를 들어, 요리사가 자신의 기술이나 식품 공정에 대한 특허를 얻었을 때, 기술을 사용할 수 있도록 다른 요리사 및 식당에게 독점적 라이선스를 부여 할 수 있고 그에 맞는 금전적 보상을 받을 수 있다. 더불어 이러한 발명에 대한 인센티브는 새로운 아이디어 창작의 동기부여가 되어 새로운 조리법 개발을 더 활발하게 만들 수 있다. 또한 식당에서 특허 판권을 사거나 특허 기술을 보유한 요리사를 고용하게 될 수도 있는데 특허보호가 적용되는 요리사 및 레스토랑에 도움이 될 뿐만 아니라 알려지지 않은 요리사에게 더 많은 기회를 제공할 수 있기 때문에, 음식 산업에 도움이 될 수 있다.

마지막으로 특허는 기발한 식품 기술이나 제조법 창작자에게 권리를 줄 뿐만 아니라 훌륭한 마케팅 도구로써도 사용된다. 요즘같이 식도락이 하나의 라이프 스타일이 된 세상에서 어디에서도 먹을 수 있는 진부한 메뉴 대신 특별한 맛과 차별성을 선호하는 고객에게 가장 잘 어필할 수 있는 홍보 수단으로 특허를 뽑을 수 있다. 실제 음식 조리법의 특허 등록은 전 장에서 언급했듯이 기존 음식 조리법과는 다른 진보성과 참신성이 있어야만 가능하기 때문에 음식의 참신성과 독특함을 어필할 수 있는 가장 좋은 광고 수단이 될 수 있다.

이 효과에 대한 예로 미국의 유명한 레스토랑인 Vegas Strip Steak의 마케팅 전략을 찾아볼 수 있는데 Vegas Strip Steak은 새로운 메뉴를 개발할 때 마다 출시되기 전 특허 출원을 통해 고객들에게 광고를 해 많은 사람들의 기대를 부풀려 성공적으로 홍보를 한다. 이처럼 특허는 음식업계에서 훌륭한 마케팅 도구로써도 사용된다. 따라서 특허를 통해 레스토랑들은 더 많은 고객을 불러들여 수익을 높일 수 있는 장점이 있다.

5 맺음말

시대가 흘러 요리 개발이 과학 실험처럼 정교해지고 기술적으로 변하면서 과학자들과도 같아진 요리사들이 혁신적인 조리 기술과 식품 발명에 대한 시간과 노력의 보상은 특허 보호를 통해 보호받아야 할 필요성이 있다. 요리 업계에서 특허를 장려해 혁신적인 조리 기술을 보호하고 특허 라이선싱을 통한 이득으로 요리사들과 요리연구가들은 새로운 식품 관련 발명품을 창출하기 위해 더욱 힘을 쏟을 것이고 특허를 통해 테이블에 새로운 창작물을 가져옴으로써 요리 업계를 향상시킬 수 있다. 또한 요리사가 특허 등록받은 저작물을 사용할 수 있는 라이선스를 부여할 수 있기 때문에 특허권은 식당의 인기와 함께 요리사에게 또 다른 수익원을 제공할 수 있기에 음식 조리법 특허를 적극 권장하는 바이다.

제7장

글로벌 특허 분쟁과 전략적 제소

지수정
jsj930jsj930@hanmail.net

1 글로벌 특허 분쟁

미국 국제 무역위원회(International Trade Commission,이하 ITC) 글로벌 특허 분쟁에서 패소한 기업들의 막대한 피해규모에 대한 소식이 최근 몇 년 적잖이 뉴스 1면을 장식해 왔다. 기술력이 뛰어난 한국 기업들에 대한 견제로 인해 국내 기업들이 ITC 특허소송에 연루되는 횟수도 점차 증가하는 추세에 있다. 대기업의 피해도 만만치 않지만, 중소기업의 경우 ITC 소송에 연루되는 순간 업무를 더 이상 지속할 수 없을 정도의 타격을 입게 된다. 우수한 기술을 바탕으로 각고의 노력 끝에 진출한 글로벌 시장에서 소송으로 인해 기업이 한순간에 무너지게 되는 것은 너무나 안타까운 일이다. 이에 대해 어떻게 보다 나은 대비를 할 수 있을지에 대한 전략적 대책이 필요한 시점이다.

2 ____ ITC 소송

특허 소송 포럼으로써 ITC에 대한 국제적 관심이 뜨겁다. 삼성과 애플의 특허 소송을 통해 ITC의 존재는 우리나라에도 이미 잘 알려져 있다. ITC는 수입과 관련된 업무들을 다루는 미국의 행정 기관이며, 여러 업무들 중 하나로 수입품 관련 지식재산권 침해소송 포럼의 역할도 담당하고 있다. 지식재산권 중에서도 실제 ITC에서는 대부분 특허와 관련된 소송이 진행되고 있다. 엄밀히 말하면 ITC는 사법기관이 아닌 행정기관이므로 소송이라는 표현이 적합하지 않지만, 사실상 사법기관에 준하는 역할을 하고 있어 ITC 소송이라는 표현이 일반적으로 쓰이고 있다.

미국에서 국제 지식재산권 관련 분쟁이 다루어질 수 있는 장소는 크게 연방지방법원과 ITC 두 곳이다. ITC 소송은 침해 판결이 내려지면 피고에게 '금지적 구제'라는 강력한 수입금지 조치를 빠른 기간 내에 취할 수 있다는 점에서 지방법원 소송과 가장 중요한 차이를 지닌다. 물론 지방법원에서도 금지적 구제와 대등한 수준의 조치가 내려질 수 있으나, 그러한 조치를 내리는 비중은 ITC에 비해 현저히 낮으며, 지방법원에서는 침해가 인정되면 많은 경우 손해배상금을 지불하게끔 하고 있다.

90년대 중반까지만 해도 미국의 기술력에 대적할 나라가 많지 않았지만, 90년대 후반을 기점으로 미국 기업들의 수준을 뛰어넘는 기술력을 보유한 기업들이 세계 각지에서 나타나기 시작했다. 이 시점부터 미국 기업들은 뛰어난 역량을 갖는 해외 기업들을 견제하여 지식재산권 침해 소송 포럼으로 ITC를 이전보다 눈에 띄게 많이 이용하기 시작하였다(그림 7-1). 뿐만 아니라 미국 내

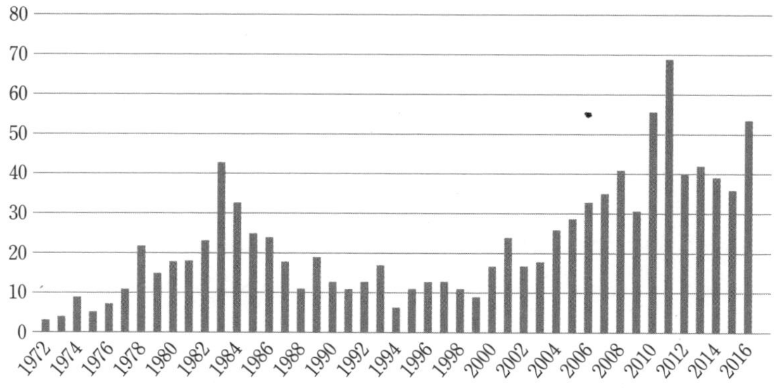

● 그림 7-1 ● 연도별 ITC 소송 건수

산업 요건을 만족시킨다는 전제하에 외국 기업들도 ITC를 특허 소송 포럼으로 이용할 수 있기 때문에, 이 시기 미국으로 진출하는 외국 기업 수의 증가도 ITC 소송 건수 증가에 큰 영향을 미쳤다. 평균적인 소송 비용이 지방법원에 비해 훨씬 높은 편임에도 불구하고, 빠른 소송 절차와 금지적 구제 조치라는 이점으로 인해 소송 포럼으로서 ITC의 인기는 나날이 높아지는 추세에 있다.

3 _____ ITC 소송에 대한 대비

ITC 소송에서 침해가 인정되는 경우, 피제소 기업은 공들여 진입한 미국 시장에서 완전히 쫓겨나게 되므로 막대한 규모의 손실을 입는다. 물론 중간에 합의를 통해 소송이 마무리 될 수도 있으나, ITC에 제소한 기업은 피제소 기업에 비해 협상에서 높은 우위에 있을 가능성이 크기 때문에 높은 수준의 합의금에서 협상이 이루어지게 된다. 그러므로 똑같이 침해가 인정됐거나 중간에 합의가 이루어졌다고 해도, ITC 소송에서 피제소 기업이 감당하게 되는 피해의 수준은 지방법원 소송에 비해 훨씬 큰 경우가 많다. 따라서 미국 시장에 진출하려는 혹은 이미 진출한 기업들은 ITC 소송에 대해 보다 철저히 대비할 필요가 있다.

ITC 소송에 대비하기 위한 방법으로는 여러 가지가 있을 수 있지만, 기본적으로 경쟁사가 어떤 기술을 갖고 있는지에 대해 지속적으로 조사하는 것이 필수적이다. 보다 구체적으로는 경쟁 기업의 입장에서 그들이 어떤 기술을 갖는 혹은 어떤 특허를 침해한 기업을 ITC에 제소하려 할지에 대해 분석적으로 접근해 볼 필요가 있다. 기존에 ITC에 제소했던 기업들의 제소에 어떤 경향성이 있었는지 분석해 본다면, 관련된 통찰을 얻을 수 있을 것이다.

ITC와 지방법원 두 곳에 같은 기업을 동시에 제소하는 것도 가능하지만, 보다 관심을 가져야 할 부분은 특정 기업이 서로 다른 상대를 ITC와 지방법원에 각각 제소하는 경우이다. 왜 같은 기업이 이와 같이 다른 선택을 하였을까? 이러한 관점의 분석을 통해 기업이 소송 포럼을 선택하게 만드는 특수한 조건이 과연 무엇이었는지에 대한 추론의 근거를 마련할 수 있다.

기업이 ITC를 소송 포럼으로 선택하는 유력한 이유는 첫째, 강력한 금지적 구제 조치, 둘째, 빠른 소송 진행 절차라고 볼 수 있다. 그러므로, ITC 제소는 피제소 기업을 미국 시장에서 하루 빨리 몰아내기를 원한다는 원고의 의지에 대한 표현이라고도 해석할 수 있다. 물론 앞서 언급하였듯 협상의 가능성은 언제나 있지만, 결과가 어찌됐든 기업이 ITC를 통해 제소했다는 것은 일반 지방 법원을 통한 제소에 비해 피고 기업에게 높은 수준의 패널티를 부여하고자 하는 강한 의도를 내비친 것임에는 틀림없다.

4 ____ 전략적 제소의 이유

그렇다면 제소 기업은 어떤 경우에 피제소 기업에게 이와 같이 높은 수준의 패널티를 부여하려 하는 것일까? 이에 대해서는 미시적으로 두 기업 간의 관계 수준에서, 그리고 나아가 보다 거시적으로 두 기업이 공통으로 속해 있는 산업 수준에서 각각 어떤 잠재적 요인들이 영향을 주고 있는 것인지에 대해 생각해 볼 필요가 있다.

오늘날 많은 글로벌 기업들은 단순 경쟁이 아닌 협력과 경쟁의 가능성을 모두 갖는 코피티션(coopetition) 관계에 놓여 있다. 특허 소송을 하는 기업의 행위 자체는 어느 포럼에서 소송을 하건 간에 결국 경쟁 상대가 내 기술을 함부로 사용하지 못하게 기술에 대한 독점권을 시행하는 것이라 볼 수 있다. 하지만 단순히 기술에 대한 독점권 시행을 넘어, 상대를 시장에서 완전히 배제시키려는 강경한 입장을 내비치는 것은 코피티션 관점에서 몇 가지 방향의 해석이 가능할 수 있다.

만일 특허 침해 상대기업이 자사와 아주 강한 라이벌 관계를 형성하고 있는 기업이라면 어떨까? 금지적 구제 조치를 통해 해당 라이벌 기업을 시장에서 몰아낼 수 있다면 자사의 시장점유율을 높일 수 있다고 판단할 수도 있을 것이다. 특정 부분에서는 경쟁 관계에 있는 기업이지만 넓은 범위에서는 향후 협력의 가능성이 매우 높게 평가되는 기업이라면 제소 기업은 어떤 선택을 할까? 협력 가능성이 매우 높은 상대를 ITC에 제소하는 강경한 태도를 취하는 경우, 상호 간 협상으로 소송이 마무리된다고 하더라도 향후 협력에는 긍정적 영향을 미치기 어려울 것이다. 한편, 단순히 두 기업 간의 관계를 넘어서 두 기업이 공통적으로 속해 있는 산업 분야의 기술적 특성은 제소 기업의 선택에 어떤 잠재적 영향을 미칠까? 분야의 특성상 경쟁 기업 간 협력이 빈번한 경우와 그렇지 않은 경우에는 분명 다른 제소 패턴이 관찰될 것이다.

본 글에서는 ITC 및 연방지방법원 소송 기록과 특허 데이터를[15] 활용하여 도출해 볼 수 있는 제소-피제소 기업 간의 기술 유사도(Technological similarity)와 기술 보완도(Technological complementarity)를(Marki, Hitt, and Lane, 2010) 중심으로 간단한 사례분석을 언급하려 한다. 두 기업 간의 높은 기술 유사도는 기술의 관점에서 강한 라이벌 관계를(Luo, 2007), 높은 기술 보완도는 잠재적 기술 협력 가능성을(Marki, Hitt, and Lane, 2010) 암시한다고 해석하기로 한다.

5 제소 사례 분석

2013년, 의료기기 제조사인 Draeger Medical Systems 는 ITC에 Atom Medical를, 연방 지방 법원에 Allied Health Products를 각각 제소하였다. 소송 기업의 기술 분석을 위해, 제소 이전 최근 5년간 각 기업들이 출원한 미국 특허를 수집하였고 이를 바탕으로 제소-피제소 기업 간의 기술 유사도 및 보완도를 도출해 보았다. 그 결과, ITC에서 제소당한 Atom Medical은 지방법원에서 제소당한 Allied Health Products에 비해 Draeger Medical Systems 와 기술 유사도 측면에서는 더 높은 값을 나타내지만 기술 보완도 측면에서는 상대적으로 더 낮은 수치를 나타냄을 확인할 수 있었다. 즉, 제소기업은 기술 관

15) http://pubapps2.usitc.gov/337external/, https://a.next.westlaw.com/Search

점에서 상대적으로 더 강한 라이벌 관계에 있는 Atom Medical을 ITC에 제소하고, 잠재적으로 더 높은 수준의 기술 협력 가능성을 지니고 있는 Allied Health Products를 지방법원에 제소하였다고 해석해 볼 수 있다.

그렇다면 의료기기 제조 분야보다 훨씬 높은 수준의 기술 복잡도를 갖는 분야에서는 어떨까? 기술 복잡도란 특정 분야의 기술 컴포넌트들 간 상호 의존성 정도를 뜻한다(Fleming and Sorenson, 2001). 통신이나 컴퓨터 기술과 같은 하이테크 분야가 높은 기술 복잡도를 갖는 대표적 분야이며, 이러한 분야에서는 하나의 완제품을 만들기 위해 수많은 세부 컴포넌트들 간의 기술적 협력이 필요하다. 따라서 기술 복잡도가 높은 분야에서는 동일 분야에 속한 기업들 간에도 각자의 완제품을 만드는 과정에서 수많은 기술 협력이 일어난다.

기술 복잡도가 높은 분야의 제소 사례로 RFID 기술 및 소프트웨어 관련 기업인 Neology의 사례를 살펴보았다. 해당 기업은 2013년 지방법원에 Confidex를, ITC에는 3M, Federal Signal을 제소하였다. ITC에 제소한 3M과 Federal Signal의 경우, 미국 기업이지만 수입해 이용 및 판매하였던 RFID 기술 일부가 특허를 침해했다는 이유로 ITC에 제소당하였다.

마찬가지로 제소 연도 기준 이전 5년간의 특허 데이터를 수집하여 기술 유사도 및 보완도를 측정하여 관찰해 보았다. 흥미롭게도, Neology가 지방법원에 제소한 Confidex는 제소기업과의 기술 보완도뿐만 아니라 기술 유사도 측면에서도 ITC 피제소 기업들(3M, Federal Signal, Sirit) 에 비해 더 높은 값을 갖는 것으로 나타났다. 이는 앞서 언급하였듯 기술 복잡도가 높은 분야에서는 동일 분야 내에 있는 유사한 기술을 보유한 기업들 간에도 다양한 협력이 일어나는 점을 반영하는 결과라고 해석해 볼 수 있다. 이러한 결과는, 소송 사례 분석을 진행함에 있어서 단순히 제소-피제소 기업 간의 기술적 관계에 대한 분석뿐만 아니라 특정 산업 분야 고유의 기술적 환경에 대한 고려가 함께 필요함을 시사하고 있다.

위와 같은 분석결과는 단편적인 사례에 불과하므로 일반화에 한계가 있다. 그러나 기업들은 이러한 분석의 관점을 참고삼아 잠재적 제소 위험을 갖는 기업들에 대한 기술 분석 및 산업 분야의 기술 환경에 대한 분석을 통해 향후 ITC 소송에 효과적으로 대응하기 위한 소송 전략을 수립해 볼 수 있을 것이다.

6 맺음말

지난 몇 십 년간의 눈부신 한국 경제 성장 밑바탕에는 우리 기업들의 우수한 기술이 있었다. 그러나 기술에 대한 전략적 관리 및 분석 없이 맹목적으로 빠르고 우수한 기술 개발만을 추구해온 한국 기업들은 글로벌 특허 소송 전쟁 앞에서 맥없이 무너지는 모습을 보이고 있다. 몇몇 대기업들은 특허 소송에 대비하기 위한 전문 역량을 체계적으로 구축하려 노력하고 있지만, 중견 혹은 중소기업의 경우 관련 역량은 턱없이 부족한 실정이다. 어렵사리 성장을 이뤄낸 국내 기업이 한 번의 특허 소송으로 휘청이는 안타까운 일이 발생하지 않도록, 국내 기업들도 기술 개발에 앞서 기술을 미리 분석하고 대비하는 전략적 노력을 기울여야 할 것이다.

IV.
지식재산 인프라

제8장

대학에서 창출된 지식재산 누가 소유해야 하나[6]

손소영
sohns@yonsei.ac.kr

1 ____ 대학은 지식재산 창출의 요람

대학은 사회공헌을 위한 창의인재 교육과 봉사, 그리고 연구 수행을 통하여 국가 및 인류발전에 기여해오고 있다. 기업이나 연구소 역시 대학으로부터 배출된 연구 인력을 확보하거나 대학에 연구를 의뢰하여 고객의 요구를 충족시킬 수 있는 신기술 개발에 주력하고 있어, 교육과 봉사, 연구를 통해 대학이 혁신 생태계에 미치는 영향은 지대하다.

특히 대학 내에서 이루어지는 다양한 연구를 통해 얻은 결과물을 보호하고 활용하는 것은 매우 중요하며 이를 위해 지식재산권 귀속에 대한 논의가 필요

6) 저자의 연구결과인(대학의 지식재산 소유권, 국가지식재산 창출분야 정책 제언, 국가지식재산위원회, 창출전문위원회, 2013. 7.)을 바탕으로 2014년 3월 10일 전자신문에 기고한 내용에 최근 연구(Sohn & Han, 2017; Sohn, Lee & Ju, 2013)를 반영하여 update한 것임.

● 그림 8-1 ● 지식 창출의 요람, 대학 캠퍼스

하다. 기술 개발에 대학이 차지하는 원천적인 역할을 감안할 때, 대학 내에서 창출된 지식재산권(지재권)의 귀속 정책은 후발 기술 개발뿐 아니라 국가 기술 발전 전반에 큰 영향을 미치고 있다. 따라서 심혈을 기울여 개발에 몰두하는 연구자들의 노력을 인정하고 존중하는 지재권 관련 계약문화가 형성된다면 더욱더 건강한 혁신 생태계가 조성될 것으로 기대된다.

그러나 여전히 기업이나 연구소가 해결하지 못한 문제를 대학에 의뢰하여 창출된 지식재산의 소유권을 대학이 단독 소유하지 못하는 것이 국내 현실이다. 궁극적으로 지재권은 누가 소유를 할 때 가장 효율적이냐가 관건이며, 개발자가 소속된 대학이 소유권을 갖느냐, 연구비를 지원하고 연구를 의뢰한 기관이 소유권을 갖느냐가 주된 이슈가 되고 있다. 대학이 소유한다면 연구자의 어떤 개발범위까지 대학이 소유권을 주장할 수 있는지 논의가 필요하다. 더불어 지재권의 관리 및 지식재산으로 인한 잠재적 피해의 책임 소관도 간과해서는 안 될 중요한 이슈이다.

2 소유는 개발자가, 기술이전관리는 전문기관이

국가지식재산위원회는 '산학연 협력 협약 가이드라인'에서 지재권 정책을 대학 단독 소유, 공동 소유, 기업 단독 소유의 관점에서 제시하였다. 그러나 필자는 지재권이 공동 소유가 되는 경우, 운용의 실효성 측면에서 부정적인 비관이 주를 이루고 있는 점을 감안하고, 해외 유수 대학의 표준 계약서를 참고할 때, 지식재산을 창출한 대학이 지재권을 단독 소유하고 산학연 연구비 지원 기관에 일정 기간 동안 무상 전용 실시권을 허여하는 안의 장점을 부각시키고 싶다. 기업이 단독 소유하는 경우 해당 지재권으로 발생하는 매출과 이익에 준해 대학에 보상하는 안이 있으나 보상정책은 단순치 않으며 그 영향을 분리하여 산정하는 데 의견일치를 보기 어려울 것이다.

대학이 단독 소유하는 경우 대학은 개발 결과 나온 지식재산에 대한 운용의 자유를 가질 수 있으며 연구비를 투자한 기업이나 연구소는 이 결과를 독점적으로 일정 기간 먼저 사용할 기회를 허여할 수 있다는 장점이 있다. 이와 부수적으로 다루어져 할 것은 지재권을 유지하기 위한 비용과 지재권으로 인해 잠재적으로 발생할 문제에 대한 책임비용을 미리 연구비에 포함시켜 놓거나 그렇지 못한 경우 실험적인 연구에 몰두해야 할 대학은 이러한 의무에서 자유로워져야 한다는 것이다.

더불어 대학에 귀속된 지재권을 효율적으로 운용하기 위해서는 견실한 기술이전조직(TLO, Technology Licensing Office)의 역할이 전제가 되어야 한다. 이 경우 기술이전 시 대학의 연구 개발자에 대한 보상정책 또한 중요하며, 전향적으로 지재권을 대학의 연구 개발자에게 귀속시키고 당사자로 하여금 경쟁력 있는 우수한 TLO를 찾을 수 있는 자유를 주는 것도 하나의 대안이 될 수 있다고 본다. 즉 대학의 연구자에게 소유권 귀속 주체의 결정에 대해 자율권을 부여하자는 것이다. 유럽에서는 대학에서 발명된 기술에 대한 특허의 소유권을 발명자에게 부여하는 정책을 허용해온 나라들이 있다. 대학 연구실에서 발명된 특허의 소유권이 교수에게 귀속된다면, 기술 개발뿐 아니라 기술이전이라는 새로운 과제가 생기게 된다. 개발자인 대학연구실 팀이 소유권을 갖는 경우 기술이전을 위해 본교 기술이전조직을 택할지 타 대학 또는 우수한 타 이전기관을 택할지는 경제논리에 자유롭게 맡길 수 있다고 본다. 이 경우 기술 사유화에 따른 부작용을 최소화할 수 있도록 기술이전촉진법에 따른 공공기관의 기술이전의무를 개발자에게도 확대, 적용하는 방안도 함께 고려되어야 할 것이다. 한편, 대학의 연구 개발자가 지식재산권을 소유하는 경우 대학과 개발자는 지식재산권 실시로부터 발생한 수익 일정부분을 공유함으로써 기술이전 활성화를 위해 양 주체 간 상호 협력 관계를 유지할 수 있을 것이다.

이와 더불어, 대학에서는 개발자가 자칫 놓치기 쉬운 지재권관련 교육이 필요하다. 이는 연구개발 차세대인력인 대학 및 대학원 학생들을 포함해서이며, 무엇보다 기술의 가치추정에 대한 기본적인 지식을 개발자 스스로도 가지고 있어야, 활용가치가 높은 지식재산 창출이 가능하며 지재권을 활용한 만족스러운 기술이전을 할 수 있다고 본다.

3 대학원생들의 지재권 귀속에 대한 의견은?

본 연구실에서는 '대학 특허 소유 정책'에 대한 대학원생들의 인지도 조사를 위해 연구과제 참여 경험이 있는 우리나라 이공계 대학원생을 대상으로 설문을 실시한 바 있다(Sohn and Han, 2017). 기술 개발 성과물에 대한 소유권이 원칙적으로 누구에게 귀속되어야 한다고 생각합니까?' 라는 질문에, 335명 응답자의 61%는 '연구자'가 단독 소유, 응답자의 17%는 '대학'이 단독 소유, 응답자의 6%는 '연구비지원기관'이 단독 소유, 응답자의 3%는 '정부'가 단독 소유해야 한다고 응답하였다. 즉, 대학에서 창출된 특허소유권을 대학에 양도하는 현실을 학생들이 잘 주지하지 못하거나 그러한 현황에 대해 만족하지 못하고 있음을 알 수 있다.

'대학의 특허소유정책에 대한 선호도' 질문에서는, 응답자의 41%가 '대학 내 기술개발자 개인이 특허권을 우선 소유하고 원하는 경우 해당 대학에 운영을 맡기는 정책'을 선호하였다. 응답자의 15%는 '대학 내 기술개발자 개인이 특허권 소유를 원하는 경우 타 대학 또는 전문 기술이전기관에 운영을 맡기는 정책'을 선호하였고, 응답자의 11%는 '대학의 자원을 이용하여 산출된 발명은 대학이 권리를 취득하는 정책'을 선호하였다. 응답자의 10%는 '직무의 연장선에서 산출된 발명 이외의 개인의 모든 발명 성과물의 권리를 대학이 취득하는 정책'을 선호하였다.

현재 우리나라 대학에서 실시하고 있는 지재권 정책은 대학마다 차이는 있겠으나 대부분 응답의 41%를 차지한 정책과 역순으로 진행되고 있다. 우선 발명자가 대학에 소유권 및 관리를 양도하고 대학이 다음 유지비 발생이 도래하기까지 해당특허의 기술이전을 시키지 못하여 이윤대신 유지비 등 비용 발생만 예상되는 시점에 다시 개인 발명자에게 유지비 부담을 시키거나 특허를 재 양도하고 있다. 이러한 과정을 잘 인지하고 있지 못한 대학 내 발명자가 많으며 특히 대학원생의 인지도는 더 떨어진다고 본다. 특허를 대학에 양도한 대학의 발명자들은 특허의 소유권을 관리하는 대학에서 해당 기술이전을 잘

해줄 것으로 기대하고 다음 신규 발명을 위한 R&D에 집중하고 있다. 그러나 다음 특허유지비 지불 시기가 도래할 때까지 이전을 하지 못한 채 갑작스럽게 발명자에게 소유권을 재양도하거나 대학이 계속 소유권을 주장하면서, 유지비는 발명자에게 부담시키는 현상은 시정이 되어야 한다고 본다. 특허가 출원된 후 처음 몇 년 사이가 해당기술을 이전하기에 황금 기간임을 감안 할 때, 이 기간 동안 기술에 대해 상세한 지식을 갖고 있는 발명자가 소유권을 갖고 기술 이전을 위한 노력을 하는 것이, 5-6년이 지난 후에 대학의 TLO가 실패한 기술 마케팅의 책임을 발명자에게 갑자기 돌리는 것보다 나은 정책일 것이다. 이는 대학의 연구자(teacher)가 개발한 특허의 소유를 자기자신에게 허여하는 'Teacher's Exemption 정책과 부가 가치 창출 간의 관계를 묻는 질문에, 응답자의 52%가 대학의 연구자에게 특허 소유권 귀속 주체를 선택할 수 있는 자율성이 주어진다면 향후 기술 성과물의 보다 큰 부가 가치 창출에 도움이 될 것이라고 생각한다고 한 응답과도 관련된다.

마지막으로 '소유권 귀속 문제에 대한 마찰과 향후 연구 의욕 저하' 간의 관계를 묻는 질문에, 응답자 59%가 소유권 귀속 문제에 대한 마찰이 향후 연구 의욕을 저하시킨다고 응답하였다.

4 ____ 내 기술 가치 알고 있나

이 모든 논의의 출발점은 기술 가치와 관련되며 대학에서 연구개발에 참여하는 학생들이 본인이 참여하여 개발한 기술의 가치에 대해 어떻게 인지하고 있는지 연구한 결과(Sohn, Lee and Ju, 2013)는 흥미로운 시사점을 제공한다. 우리

연구실에서는 공대 대학원들이 자신이 개발에 참여한 기술을 판매한다면 얼마에 팔고 싶은지(WTS: willingness to sell)와 반대로 그 기술을 본인이 구매한다면 얼마에 살 의지가 있는지(WTP: willingness to pay) 설문하였다. 그 결과 우리나라 공대 대학원생들은 대부분 기술 가치를 천만 원에서 오천만 원 사이로 평가했으며, 화공, 바이오, 컴퓨터, 산업공학 분야 학생들은 자기기술의 가치를 시장에 지불하겠다고 한것보다 더 높게 평가하고 있는 반면 기계, 전자분야, 재료공학분야는 유사하게 보고 있어 전공별로 WTS와 WTP 에는 차이가 나는 것을 관찰 할수 있었다.

고전적인 기술 분야 학생들이 가치평가 관점에서 더 현실감이 있는 것으로 해석되며 화공·바이오 등 미래가치가 불확실한 분야나 비즈니스모델 발명이 많은 컴퓨터·산업공학 분야는 본인이 관련된 기술 분야 가치에 더 낙관적임을 알 수 있다. 한편 이런 분야 WTP와 WTS의 차이는, 지식재산권을 학교나 개발자가 소유하더라도 기술이전이 어려울 수 있음을 시사한다. 산업공학 전공 학생들은 그들의 기술 가치를 제일 높게 평가한 반면 재료공학분야는 본인들의 기술과 동등한 기술의 매수가를 제일 높게 평가했다. WTS 증가에는 Teachers' exemption 정책이 유용성이, WTP 변화에는 해당기술의 타 분야 확장성이 영향을 미침을 알 수 있었다.

5 맺음말

4차 산업 혁명 시대를 맞이하여, 융합연구가 더 활성화되고, 기업이나 연구소에서 대학에 의뢰하는 연구테마는 시장 확보에 매우 밀접한 상관성을 갖는 지재권 창출과 직결될 확률이 더 높아졌다고 본다. 따라서 고품질 지식재산 창출을 위해 개발자인 대학의 연구자를 존중하는 합리적인 산학연 연구개발 계약 문화가 자리 잡을 때, 건전한 혁신 생태계가 형성되어 대학뿐 아니라, 연구 의뢰기관과 국가의 경쟁력이 향상될 것이라 기대된다.

지식창출의 요람인 대학에서도 4차 산업 혁명 시대 특징을 반영하는 다양한 융합신기술 창출과 효율적인 기술이전을 위한 대비가 필요하다. 대학 내 폐쇄적인 기술이전기관이 아닌 시장가치를 가장 잘 판단할 수 있는 외부 전문 기술이전기관도 선택하여 활용할 수 있도록 대학 내 지재권 관리정책의 변화도 필요한 시기이다.

무엇보다 대학의 연구자들도 본인이 몰두하고 있는 분야의 기술 가치에 대해 관심을 갖고 연구개발에 참여하는 문화가 조성되기를 기대해본다.

제9장

공(功)들여 출원한 특허를 공(空)으로 주다?: 특허 공개의 진실

권득신
kds0281@gmail.com

1 ____ 특허 공개란?

2014년 6월, 전기 자동차 회사인 테슬라(Tesla)는 그들의 랜드마크 기술인 '슈퍼차저(SuperCharger)' 기술을 포함하여, 그들이 보유하고 있던 200여 개의 전기자동차 및 배터리 관련 모든 특허 기술들을 전면적으로 외부에 공개하였다. 오랜 시간 공들여 개발한 기술을 사용 로열티 없이 누구나 무료로 사용하도록 개방한 것인데, 이러한 테슬라의 결정은 우리에게 선뜻 이해되지 않으며, 다소 충격적으로 다가오기도 한다.

자사가 가진 다수의 특허를 무료로 공개한 사례는 테슬라가 비단 처음은 아니다. 2005년, IT 기업인 IBM은 자사가 보유한 500여 개의 각종 소프트웨어 특허들을 오픈 소스 진영에 무료로 공개했다. 한편, 개별 기업단위의 특허 공개뿐만 아니라, 특정 산업 혹은 기술과 관련한 여러 회사들이 모여 '특허풀(Patent Pool)'이라 불리는 그룹을 형성하고, 그 안에서 각 기업이 가진 특허들을

출처: By Unimog404(CC BY-SA 4.0), https://commons.wikimedia.org/wiki/File%3AModel_S_Facelift.png

• 그림 9-1 • 테슬라(Tesla)의 전기 자동차와 슈퍼 차저

서로 공개하기도 한다. 대표적으로 2005년에 설립된 '오픈 인벤션 네트워크(Open Invention Network, 이하 OIN)'에서는, 그룹에 가입한 모든 기업들이 자사가 가진 리눅스 관련 모든 특허 기술들을 무료로 공유하고 있다.

특허는 자신이 개발한 기술을 포함하여, 여러 가지 지적 재산을 보호받기 위해 만든 독점 사용권 혹은 제3자의 기술사용을 배척할 수 있는 배타적 권리이다. 따라서 많은 이들이 특허 출원에 따른 비용이 클지라도 자신의 지식재산의 권리를 보호받음으로써, 궁극적으로 더 큰 이익을 얻고자 한다. 그런데, 앞서 사례로 들었던, 테슬라, IBM 또는 OIN 가입 기업들은 왜 그들의 축적된 기술과 역량들을 공(功)을 들여 특허로 출원해 놓고, 아이러니하게 공(空)으로 많은 이들에게 공개하는 것일까?

2 ____ 공개를 통한 혁신

2014년, 테슬라 특허의 공개 결정을 내렸던 테슬라 CEO 엘론 머스크는 "우리는 전기 자동차 기술의 발전을 위해 오픈 소스 운동의 정신을 바탕으로 특허의 벽을 없애기로 결정했다."[7]며, 기술 공개의 목적을 전기 자동차 산업의 혁신이라 표명하였다. 즉, 산업의 혁신을 일으키기 위해 자신의 재산과 같은 모든 기술들을 기꺼이 무료로 공유하겠다는 것이다. 그런데, 이윤 극대화의 목적을 지닌 회사가 과연 어떤 이유로 산업의 혁신이라는 공공의 이익을 위한, 특허 공개라는 파격적인 결정을 내린 것일까?

테슬라가 특허를 공개한 1차적인 목적은, 그들이 밝힌 것처럼 산업의 혁신에 있을 수 있다. 그러나 테슬라가 자선 사업가나 기부 단체가 아닌 이상, 장기적인 손해를 감수하면서까지 기술 공개 전략을 택하지 않았을 것이다. 즉, 우리는 기업들이 궁극적으로 산업의 혁신이 일어나는 과정과 그 결과를 통해 자사의 이윤을 도모하고자 한다는 것을 짐작해 볼 수 있다.

기업들은 다음의 과정들을 통해 그들의 특허 공개가 자사의 이윤 증대로 이어질 것을 기대한다. 먼저, 특허로 출원된 우수한 기술들을 무료로 공개하면 해당 산업을 포함한 여러 산업의 여러 기업들이 공개된 기술을 바탕으로 산업 및 제품 시장에 보다 손쉽게 진입할 수 있고, 이에 따라 산업 규모가 더욱 확장될 수 있다. 기술 라이선싱에 의한 수익뿐만 아니라, 제품 판매를 통한 수익도

7) "Yesterday, there was a wall of Tesla patents in the lobby of our Palo Alto headquarters. That is no longer the case. They have been removed, in the spirit of the open source movement, for the advancement of electric vehicle technology." Elon Musk, June 12, 2014. https://www.tesla.com/blog/all-our-patent-are-belong-you

함께 얻는 수직 통합 기업들은 시장의 규모가 커짐에 따라 자연히 더 큰 수익을 얻을 수 있게 된다.

또한 공개된 기술을 기반으로 관련 기술에 대한 연구와 혁신 성과가 증대되어, 결과적으로 제품의 가격이 낮아지는 효과를 거둘 수 있다. 테슬라의 경우, 전기 자동차 관련 부품 가격 인하에 따라 더욱 저렴한 전기 자동차를 생산함으로써, 자사 제품의 경쟁력을 강화하고 시장 점유율 확대를 통한 이윤을 추구하고자 하는 것이라 볼 수 있다. 더불어, 해당 산업 내의 여러 기업들이 공개된 특허 기술을 바탕으로 이전 기술을 개량하거나, 새로운 기술을 개발하는 경우가 많아지기 때문에, 특허 공개는 해당 산업의 기술 표준을 선점하기 위한 전략적인 행보일 수 있다.

즉, 테슬라를 비롯한 여러 기업들이 자사의 특허를 공개하는 이유는 산업의 혁신을 도모하기 위함도 있지만 그 이면에 혁신을 통해 자사의 이윤을 얻기 위한 여러 가지 숨은 의도와 계획들이 존재한다고 할 수 있는 것이다.

그렇다면, 기업이 예상했던 대로 자사의 특허를 공개하는 전략이 정말 그들에게 긍정적인 결과를 가져다 줄 것인가? 혁신을 일으키고 그를 통해 이윤을 얻고자 하는 큰 그림을 가지고 있었지만, 혁신은커녕 애써서 개발한 기술만 공짜로 사회에 기부한 꼴이 될 수도 있지 않을까?

3 지식 공유와 혁신, 그리고 특허

특허 공개와 같이 개방된 정보를 통해 혁신을 일으키는 것의 핵심은 지식 공유에 따른 지식 스필오버(Spillover)에 있다. 다른 사람이 개발한 여러 기술들에 대한 정보를 마음껏 얻을 수 있으면 관련 지식의 축적으로 인해 한층 더 개발이 쉬워지기도 하고, 더 좋은 기술이 개발될 가능성도 커진다. 따라서 여러 사람들의 아이디어와 기술들이 서로 활발히 공유되면 될수록 지식 스필오버에 따른 혁신은 더욱 촉진될 수 있다.

산업의 종류와 특성을 막론하고 다양한 산업에서 정보 공유에 따른 지식 스필오버가 활발히 발생하고 있으며, 그에 따라 혁신도 많이 일어나고 있다. 그 중에서도 지식 스필오버 효과가 많이 발생하는 하나의 산업을 예로 들자면, 개발자 간의 지식 공유가 매우 활발하게 일어나는 소프트웨어 산업이다. 특히, 소프트웨어 산업의 '오픈 소스 운동'은 정보 공유를 통한 산업의 혁신을 일으키고자, '자유'와 '공유'를 가치로 하여 발단되었다.

오픈 소스 운동은 1980년대 소프트웨어 상업화가 활발해지고, 그에 따라 소프트웨어의 사용, 복제, 배포, 수정에 일정한 제한을 가하려는 흐름이 생기자 리처드 스톨만이 그에 반대하여 시작한 '자유소프트웨어 운동'과 맥을 같이 한다. 오픈 소스 운동에 동참해온 사람들은, 저작권을 보호한다는 명목으로 코드를 포함한 프로그램 소스(source)의 수정을 제한하는 것이 수정과 배포를 통해 활발하게 일어나는 지식의 공유를 오히려 방해하며, 궁극적으로 소프트웨어 산업의 혁신을 저해한다고 주장한다. 따라서 이들은 소스 코드의 자유로운 수정과 공유를 보장하는 'GPL'과 같은 여러 오픈소스 라이선스를 만들었다. 실제로, '공유'를 목적으로 한 여러 라이선스들을 통해, 더욱 많은 소프트웨어 관련 소스 지식이 활발하게 공유되었으며, 소프트웨어 산업도 많은 혁신을 이루었다.

또한, 소프트웨어 산업이 가진 다음의 여러 가지 산업적 특성은 지식의 공유가 더욱 활발하게 일어나도록 하여 혁신을 촉진시킨다. 일반적으로, 소프트웨어는 상당한 비용이 수반되는 하드웨어나 물리적인 설비가 아니기에 기업들이 자사의 지식 공유에 따라 감당해야하는 비용이 상대적으로 작다. 또한, 소프트웨어 프로그램의 완성도를 높이기 위해서는 수정 및 개선 작업이 계속적으로 요구된다. 프로그램에 오류가 발견될 때마다 즉각적으로 그것이 수정되어야 하고, 고객들의 요구에 따라 지속적으로 프로그램을 개선시켜야 하기 때문에, 많은 이들에게 프로그램 관련 정보를 공개하고 정보의 자유로운 수정을 허가하는 것이 산업이나 기업 차원에서 득이 될 수 있다. 이러한 소프트웨어 산업의 특성이 오픈 소스 운동처럼 소프트웨어 산업 내에서의 지식 개방과 공유가 적극적으로 일어나도록 하는 데 큰 영향을 끼쳤다고 볼 수 있다.

이러한 지식 공유의 관점에서 볼 때, 특허는 아이러니하게도 지식의 스필오버를 저해할 수도 있다. 물론, 강력한 지식재산권으로서의 특허는 개발에 대한 강한 인센티브를 제공함으로써, 혁신 창출에 많은 기여를 해온 것은 부인할 수 없는 사실이다. 그러나 특허는 산업의 혁신을 도모하고자 개발자 이외에 자유로운 기술의 사용을 막기 때문에 지식의 공유와 확산을 제한하는 기능도 크다고 할 수 있다. 즉, 산업의 특성에 따라 다르겠지만, 특허가 혁신의 주요 동력이 되는 지식 공유의 이점을 제한함으로써 궁극적으로 산업의 혁신을 저해할 수도 있는 것이다.

앞서 예를 들었던, 개방과 공유의 특성을 지닌 소프트웨어 산업에서도 소프트웨어 특허들이 많이 존재한다. 소프트웨어 특허는 컴퓨터를 운용하는 것과 관련된 특허로서, 프로그래밍 개발 언어를 통해 개발된 컴퓨터 프로그램, 알고리즘 기술 등을 대상으로 한다. 그러나 개방과 공유를 통한 지식의 공유가 활발히 일어나는 소프트웨어 산업에서는, 독점적 사용권으로서의 특허가 가지는 배타적 특성으로 인해 특허가 소프트웨어 산업의 혁신을 오히려 저해할 수도 있다는 비판이 꾸준히 제기되어 왔다. Bessen and Maskin(2013)은 기술 혁신과 특허 출원과의 상관성을 연구한 논문을 통해, 강력한 지적 재산 보호권으로서의 프로그램 특허가 증가할수록 연구개발 투자 및 생산성의 하락을 가져왔다는 것을 주장하기도 하였다.

이러한 관점에서 볼 때, 본래적인 기능인 지식재산권 보호를 통해 특허가 혁신에 기여하는 부분이 있다 할지라도, 특허 자체가 가진 제한적 기능과 특정 산업의 특성을 고려한다면, 오히려 특허를 공개하는 것이 산업의 혁신에 큰 도움이 될 수도 있을 것이다. 특히, 특허 공개는 무료로 기술을 사용할 수 있다는 것을 의미하기에, 실제적인 기술사용으로부터 양질의 정보들이 다량으로 스필오버되어 혁신이 더욱 촉진될 수 있다. 기업의 입장에서도 여러 가지 이유(기술 소유권 및 독점 사용권 취득, 기술 시장 선점, 후속 기술에 대한 특허 침해 소송 방지 등)로 특허를 출원하지만, 파격적으로 특허를 공개하는 것이 산업의 혁신을 통해 자신의 수익 증대시킨다면 특허 공개가 더 나은 경영전략이 될 수 있는 것이다.

4 지식 스필오버를 위한 특허 공개 사례

기업들은 궁극적으로 자사의 수입을 증대시키고자 하는 최종목적을 지니고 있으며, 이를 달성하기 위해 자사가 가진 기술들을 특허로 등록하여 그로부터 직접적인 수익을 얻거나, 산업의 혁신과 규모 확대에 따른 간접적인 수익증대를 도모한다. 이때 산업의 혁신을 촉진하기 위해서, 기업들은 지식 스필오버 효과를 극대화 하고자 하며, 그 기업이 속한 산업적 특성을 고려하여 자사의 특허를 공개하는 파격적인 결정을 내리기도 한다. 본 장에서는 산업의 혁신을 위해 공들여 출원한 특허를 공개한 소프트웨어 산업에 속한 여러 기업들의 사례를 살펴보고, 실제로 특허 공개에 따른 지식 스필오버 효과와 혁신에 대해 구체적으로 논하고자 한다.

소프트웨어 산업에서 소스 코드를 대중적으로 공개하는 '오픈 소스' 바람은 여전히 강하게 불고 있고, 실제로 많은 이들이 자신의 소스 코드를 무료로 일반 대중에게 공개하고 있다. 하지만 소스 코드 공개와 달리, 기업이 출원과 등록에 많은 비용과 시간이 수반되는 특허를 공개하는 것은 소프트웨어 산업에서도 결코 쉬운 결정이 아니다. 그런데 흥미로운 것은 많은 기업들이 OIN에 가입함으로써 자사가 가진 모든 리눅스 관련 특허들을 다수의 그룹 멤버들에게 무료로 공개하고 있다는 사실이다.

리눅스 산업의 방어적 특허 풀로 불리는 OIN은 글로벌 IT 기업인 IBM, 소니, 필립스, 노벨, 레드햇을 주축으로 2005년 설립되었다. 소프트웨어 특허의 특성으로 인해, 리눅스 관련 특허를 보유한 기업들도 특허관리전문회사(Non-Practicing Entity, NPE)들에 의한 특허 침해 소송에 휘말리는 사례가 많아지고, 이것이 리눅스 오픈 생태계를 위협하게 되자, OIN은 특허 소송에 의해 리눅스 오픈 생태계를 유지에 위협을 가할 특허들을 직접 구입함으로써 오픈 생태계를 보호해왔다. 또한 OIN은 오픈 생태계의 유지하기 위해, OIN에는 누구든지 가입할 수 있지만, 가입한 기업들은 리눅스 관련 오픈 특허들에 대해서 일절 특허 소송을 제기 하지 않기로 동의해야 하며, 자사가 가진 리눅스 관련 모든 특허들을 OIN 멤버들에게 공유하도록 하였다. 이는 OIN에 가입한 모든 기업들이 서로에게 자신의 기술 실시권을 허가해주는 교차라이선스 합의를 맺는 것과 동일하며, 이를 통해 기업들은 특허 소송의 위험을 줄이고 기술 개발과 혁신을 위해 서로의 기술을 마음껏 이용할 수 있게 된다.

그러나, 자사의 특허 소송 위험을 줄이고자 자신의 모든 리눅스 관련 기술들을 다수의 OIN 멤버들에게 공유해야 한다는 것은 기업 입장에서 매우 어려운 결정이다. 특히 OIN에 가입 하는 것은 자사가 가진 특허가 전혀 없는 경우에도 가능하기에, 다른 기업들의 공개된 기술들을 사용하기 위한 의도를 가지고 OIN에 가입하는 기업들도 많이 존재할 가능성이 크다. 따라서 그러한 의도를 가진 기업들에게까지 자사의 모든 특허 기술을 공유하는 것은 오히려 회사를 위험에 빠뜨릴 수 있다. 그럼에도 불구하고, 많은 기업들이 자신의 기술을 공유하면서까지 OIN에 가입하는 것은 기술 공유와 지식 스필오버를 통해 리눅스 산업 내의 혁신을 도모함으로써, 장기적으로 수익을 증대시키고자 하는 큰 그림을 가지고 있기 때문이라고 할 수 있다.

2005년, 5개 기업에 의해 시작된 OIN은 2017년 현재 가입 기업이 2,000여 개에 이를 정도로 그 규모가 확장되었으며, 리눅스 산업에서 방어적인 특허 풀이자 지식 공유 풀로서 역할을 하고 있다.

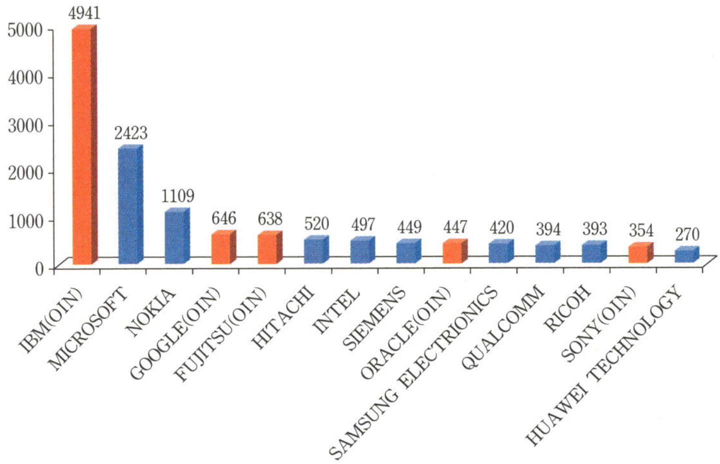

• 그림 9-2 • 리눅스 산업 특허 출원 상위 15개 기업(2005-2014)

그림 9-2는 OIN 설립년도인 2005년도부터 2014년까지 리눅스 관련 특허를 출원했던 기업들 중에서, 누적 특허 수 기준 상위 15개 기업을 나타낸다. 15개 기업들을 보면, 1,2위를 차지한 IBM, 마이크로소프트사부터, 15위를 차지한 중국의 스마트 디바이스 기업 화웨이까지 모두 내로라하는 IT 분야의 글로벌 대기업들임을 알 수 있다. 더욱 놀라운 사실은 상위 15개 기업 중에서, 5개의 기업(IBM, 구글, 후지쯔, 오라클, 소니)이 OIN 멤버라는 것이며, 상위 5개 기업들 중에서는 무려 3개가 OIN 기업이라는 것이다. 즉, 이들은 많은 수의 특허들을 출원하면서, 동시에 이를 OIN 멤버들에게 공유함으로써, 오픈 소스 기반의 리눅스 생태계를 유지하면서 지식 스필오버를 통한 리눅스 산업의 혁신을 추구하고 있다.

물론, OIN 멤버가 아닌 마이크로소프트사, 노키아, 인텔 등의 여러 회사들은 리눅스 산업의 발전을 위해 만들어진 리눅스 커널 프로젝트에 가입하여, 서로 정보를 공유하며 혁신을 추구한다. 프로그램의 개선을 위해 수정된 코드

셋을 의미하는 '체인지 셋'을 기준으로 하였을 때, 마이크로소프트의 리눅스 커널에 대한 기여도가 7위(2011 기준)를 차지할 정도로, OIN이 아닌 다른 여러 기업들도 지식의 공유에 힘쓰고 있다. 그러나 단순히 소스 코드를 공개하는 것 이상으로 등록 및 유지에 비용이 수반되는 특허를 공개하는 것은 특허로 등록 된 기술 및 지식들을 추가적으로 공유하는 것이기 때문에, OIN 기업들이 공유하는 지식의 양과 질적 수준은 더 높으며, 특히 OIN 내부적으로는 더 많은 지식들이 파급된다고 간주할 수 있다.

현재까지 OIN에 가입한 2천여 개의 기업들 중에서 다량의 리눅스 관련 특허들을 보유하거나 지속적으로 출원 활동을 하는 기업들은 1-2% 정도밖에 되지 않는다. 그러나 그들은 리눅스 관련 분야의 기술 개발에 힘쓰면서도, 동시에 특허로 등록 된 기술을 여러 OIN 기업들과 적극적으로 공유하며 지식 스필오버를 창출하고 있다. 또한, OIN 가입 멤버들 중에는 단순히 리눅스 관련 소프트웨어 회사 뿐 아니라 리눅스 산업에서의 관련 지식과 기술이 필요한 다양한 산업군의 회사들이 OIN에 가입하여, 공유된 지식과 기술로부터 많은 혜택을 얻고 있다. 실제로 OIN에는 자율 주행 시대를 앞두고 소프트웨어 기술 개발이 더욱 필요한 자동차 회사, 리눅스 기반 OS나 시스템을 활용하는 휴대폰 회사 또는 네트워크 회사, 그리고 블록체인 등 금융 산업에서의 혁신적인 기술을 개발하고자 하는 핀테크 회사들까지 다양한 산업군의 회사들이 OIN 멤버로 있다.

자사가 가진 리눅스 관련 기술을 모두 공개해야 함에도 불구하고, 시간이 지날수록 더욱 다양한 산업군의 회사들이 OIN에 가입한다는 것은 실제적으로 OIN 내부에 활발한 지식 공유가 일어나고 있으며, 그것에 따른 혜택이 분

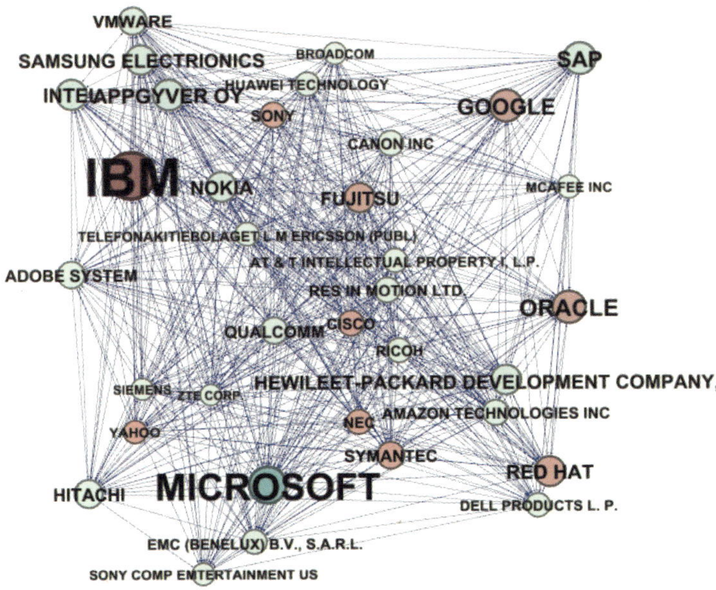

• 그림 9-3 • 리눅스 관련 기업들의 특허 인용 네트워크

명이 존재한다는 것을 증명한다. 개별 기업 내의 혁신적인 성과뿐만 아니라, 리눅스 산업의 혁신을 포함하여 말이다.

그림 9-3은 리눅스 관련 기업들의 특허들의 전방 인용 정보를 통해 구성한 네트워크이다. 이 네트워크를 통해 리눅스 관련 산업에서의 지식 흐름을 볼 수 있으며, 어떤 기업이 지식 네트워크에서 주요한 역할을 하는지도 알 수 있다. 그림 9-3의 네트워크는 수많은 리눅스 관련 기업들 중에서도, 연결 중심성(degree centrality)이 특정 수준(600) 이상인, 즉 지식 네트워크의 흐름에서 매우 중요한 노드 역할을 하는 기업들만을 대상으로 구성한 네트워크이다. 여러 개의 노드들이 있지만, 붉은 색깔을 띠고 있는 IBM, 구글, 레드햇, 오라클 등 다수의 OIN 멤버들이 주요 노드 역할을 하고 있음을 볼 수 있다. 즉, 리눅스 산업 내의 지식 스필오버가 활발하게 발생하는 데에, OIN 멤버들이 많은 기여

를 하고 있는 것이다.

OIN 참여 기업들이 전체 산업 네트워크에 지식 스필오버의 주도적인 역할을 하고 있는 것은 OIN 내부에서의 활발한 지식 및 기술 공유에 기인한다. 실제로 Kwon, Cho and Sohn(2016) 연구에서는 OIN 기업들이 OIN 가입 이후, 다른 기업들과 협업하여 공동으로 특허를 출원할 때 OIN 기업들과는 얼마나 높은 비율로 협업하는지를 패널 회귀 분석을 통하여 파악하였다. 분석 결과, 기업들이 OIN 가입 이후 다른 OIN 기업들과 협업하는 비율이 시간이 지날수록 늘어가는 것을 확인 하였다. 더불어, OIN 기업들이 가진 영향력 있고 훌륭한 기술들에 대하여, 다른 OIN 기업들의 전방 인용 비율 역시, 시간이 지날수록 증가하는 것을 확인하였다. 즉, OIN 멤버들 간 자유로이 기술을 사용할 수 있다는 OIN의 특성이 시간이 지날수록 더욱 그들 간의 협업을 증대시키고, 특히 우수한 기술에 대한 지식의 공유를 확대시킨 것이다. 더불어, 특허 정보(특허 출원 수, 전방인용 특허 수)를 바탕으로 측정된 OIN 내부 기업들의 혁신 성과가 양적으로 질적으로 비 OIN 기업보다 우수한 것을 확인하였다. 이 역시 OIN 내부에서 확산된 지식 스필오버가 기업 혁신 성과 증대에 많은 영향을 끼쳤을 것이라 추론해 볼 수 있다.

5 맺음말

수익을 추구하는 기업들은 자선 사업가가 아니다. 그렇기에, 많은 비용들 이면서까지 공들여 출원한 특허를 아무런 목적 없이 그저 다른 기업들만을 위해 공개하지는 않는다. 기업들은 자사의 특허 공개가 당장에 즉각적인 수익으로 이어지지 않을지라도, 장기적으로 산업의 혁신, 산업의 인프라 및 규모 확대에 따른 수익 증대를 목적으로 특허 공개라는 파격적인 결정을 내린 것이라 볼 수 있다. 강력한 지식재산권으로 특허가 가지는 지식 공유의 제한성과 산업이 가진 특성에 의해, 특허는 오히려 혁신을 저해할 수도 있다. 따라서 상황에 따라 특허를 공개하는 것이 오히려 기업과 산업의 혁신을 창출하는 데 기여할 수 있다. 앞 장에서 소프트웨어 산업의 OIN 사례를 통해, 특허를 공개하는 것이 지식 스필오버 효과를 더욱 촉진시켜 산업의 혁신을 일으키는 데 도움이 되는 것을 확인하였다.

특허 공개가 혁신에 미치는 긍정적 효과는 비단 소프트웨어 산업에서만 일어나는 것이 아니다. 2014년 테슬라의 전기 자동차 관련 특허 전면 공개 이후, 점점 더 증대되는 전기 자동차 시장의 규모와 테슬라의 매출은 자동차 산업과 같은 하드웨어 산업에서도 그것이 충분히 일어날 수 있음을 시사한다. 기업의 존폐를 위협할 만큼 너무나 파격적이었던 특허 공개 결정이, 실제로 테슬라가 계획하고 기대했던 결과인 산업의 혁신을 통한 기업의 수익 증대로 이어지고 있는 것이다. 테슬라가 왜 공들여 출원한 특허를 무료로 공개했는지가 증명되고 있는 셈이다. 따라서 이제는 기업의 장기적인 수익 증대를 위한 전략적 행보로서 다양한 산업에 속한 여러 기업들이 파격적으로 특허 공개 결정을 내릴 것으로 예상하며, 이를 통해 여러 산업에서 지식 스필오버 효과와 혁신이 더욱 활발하게 일어나길 기대해 본다.

제10장

특허박스와 혁신의 시장실패

박정
pjw6401@gmail.com

1 들어가는 글

보이지 않는 손을 통한 시장의 자원 배분 기능이 제대로 작동하지 않는 경우가 있다. 이를 시장실패라 한다. 정부의 시장 개입에 있어 빠짐없이 등장하는 개념이다.

시장실패의 대표적인 예로 "공공재 부족 현상"이 있다. 국방, 도로, 그리고 신호등처럼 공공을 위한 서비스나 재화를 공공재라고 하는데, 이 공공재는 시장 메커니즘으로 가격이 결정되지도 않고 우리가 직접 그 대가를 지불하지도 않는다. 이러한 이유로 공공재는 시장 기능에 의하여 자원 배분이 효율적으로 이뤄지지 않고, 시장에 맡긴다고 해도 모든 경제주체를 만족시킬 만큼 공급되기도 어렵다. 각 경제 주체들은 사익을 추구하기 때문에, 모두에게 꼭 필요한 재화라고 하더라도 공짜로는 다른 사람들에게 이를 제공할 유인이 없는 것이다. 국방서비스의 예를 살펴보자. 국방서비스는 반드시 필요한 서비스이지만 국가 주도로 서비스를 제공하고 우리는 따로 이용료를 내지 않는다. 만약 아무도 대가를 지불하지 않는 국방서비스를 민간에게 맡긴다면 절대로 현재의 안보 수준을 유지할 수 없을 것이다.

그렇다면 누군가가 발명해낸 기술지식의 경우는 어떨까? 15세기 이탈리아 베니스의 예를 살펴보자. 당시 이탈리아 베니스는 르네상스 운동이 가장 활발한 국가였다. 이들 국가에는 유리제조와 관련된 기술들이 융성했는데, 기술자들은 자신의 발명이 유출되어 그 권리를 잃고 이익이 줄어들까 걱정했다. 이에 기술의 내용을 암호화하는 등의 관행이 나타나기도 하였다. 이러한 현상은 혁신의 전파를 저해해 기술 발전을 더디게 하였고, 이에 사람들 사이에서는 기술 발전을 위해서는 새로운 발명 내용이 서로 공유되어야 한다는 인식이 확산되었다. 그 결과, 1474년, 개인 발명의 배타적 소유권을 인정해주는 대신, 그 내용을 공개하는 법을 제정하게 된다. 이는 근대적인 최초의 특허법이라고 할 수 있다. 즉, 공공재적 성격을 지닌 기술지식에 대해 독점적 지위를 부여함으로써 '혁신 기술의 과소생산'이라고 하는 혁신의 시장실패를 해결하고자 한 것이다.

사회 최적의 수준까지 혁신 기술들이 잘 발명되지 않거나, 지식들이 공유되지 않는 것을 혁신의 시장실패로 볼 때, 현재도 이러한 혁신 시장실패 문제가 여전히 존재한다. 위험도가 큰 혁신에 대해 기업들이 주저하는 경우가 많고, 기술의 상업화 자체가 활발히 이뤄지지 않는 것이 현실이다. 실제로 기술이 개발되어 상업화에 이르는 비율은 극히 적으며, 이를 위한 제도적인 장치는 미미한 실정이다. 그렇다면, 이러한 혁신의 시장실패를 해결하기 위한 방법은 무엇이 있을까? 어떠한 제도적 장치들을 통해 기술혁신을 독려할 수 있을까?

2 공공재와 특허

흔히 공공재가 가진 주요 속성으로 '비경합성'과 '비배제성'을 이야기한다. 비경합성이란 한 사람이 더 많이 소비한다고 해서 다른 사람이 덜 소비하게 되지 않는 속성을 의미한다. 이를테면 어느 한 사람이 음원을 다운로드한다고 해서, 다른 사람이 해당 음원을 사용하지 못하는 것은 아닌 것처럼 말이다. 비비재성은 다른 사람을 소비로부터 배제할 수 없는 속성을 나타낸다. 누군가가 누리는 국방서비스를 다른 사람이 나서서 제한할 수는 없다. 따라서 비배재성은 공공재를 생산하는 데 발생하는 비용을 누군가가 선뜻 부담하겠다고 나서지 않게 만드는 요인이 된다. 내가 굳이 생산하지 않아도 누군가가 생산하면 무료로 누릴 수 있기 때문이다.

이러한 공공재의 또 다른 사례로 기술지식을 들 수 있다. 기술지식은 본질적으로 비배제성과 비경합성을 모두 가지고 있다. 개발자의 권리를 보장해주는 제도가 없다면, 기술지식은 누구나 함께 사용할 수 있으며(비배제성), 특정인이 기술지식 사용한다고 해서 기술지식이 줄어드는 것도 아니다(비경합성). 따라서 사람들은 특정 기술을 먼저 개발해주기를 기다리게 되고, 이로 인해 앞서 언급한 공공재와 같이 적절한 수준으로 공급되지 않게 되는 시장실패가 발생할 수 있다. 즉, 어느 누구도 막대한 비용과 시간을 들여 연구개발에 투자할 유인이 없게 되는 것이다. 이렇게 될 경우 연구개발 투자 자체가 충분히 이루어지지 않으므로 과학기술의 발달은 요연해진다. 이른바 혁신의 시장실패가 나타나는 것이다. 이를 해결하기 위해 사람들은 '특허'라는 제도를 만들었다.

특허제도는 지식재산을 만들어낸 사람에게 최장 20년간의 배타적 독점권을 부여하는 제도이다. 위에서 언급했듯, 지적재산이 지닌 비배제성과 비경합성은, 사람들로 하여금 막대한 자금이 들어가는 기술개발을 주저하게 만든다. 이러한 문제를 해결하기 위해 특허제도가 탄생했다. 다시 말해, 공공재적 성격을 가지고 있는 지식재산에 대해 누구나 자유롭게 사용하게 하기보다는 개발 주체의 독점적 권리를 인정해 줌으로써 양질의 지식재산이 더욱 많이 만들어질 수 있도록 유도하고자 한 것이다. 경제학적 용어를 사용한다면 특허는 지적재산의 배제성과 경합성 수준 자체를 높여, 지적재산을 최대한 사유재로 만드는 전략인 것이다.

최근 지식재산은 기업의 또 다른 이익 창출원으로써 그 역할을 다하고 있다. 과거에는 지식재산권 취득을 통해 자신이 어렵게 개발한 지식재산을 보호하고, 나아가 혁신적인 제품을 생산하는 것이었다. 그러나 오늘날에는 취득한 지식재산의 양도나 이전, 심지어 특허분쟁을 통해 수익을 창출하는 기업이 많이 생겨나고 있다. 지식재산권을 활용해 만든 제품보다 지식재산권 자체를 이용해 창출해낸 소득이 더 큰 기업도 나타나고 있다. 실제로 기업 가치를 평가하는 데 중요한 요인으로 유형자산보다 특허와 같은 무형자산이 더 높은 비중을 차지하는 경우도 많다. 바야흐로 지식재산권의 시대다.

이처럼 지적재산권의 중요성이 나날이 증가하고 있는 만큼, 이를 뒷받침할 수 있는 제도적 장치의 보완이 필요하다. 특히 단순히 기술의 양적인 성장뿐만 아니라, 질적수준이 높은 기술들이 개발될 수 있는 여건이 조성되어야만 한다. 또한, 기업들이 위험도가 큰 혁신에 대해 보다 적극적으로 참여할 수 있는 환경을 만들어 주어야만 한다. 이에 단순히 지적재산권 소유자의 권리를 보호하여 지적재산 출원 수 증가를 유도하는 특허제도를 넘어, 지식재산의 질적 증가를 유도하는 또 다른 특허 관련 제도가 등장하였다. 이른바 '특허박스' 정책이다.

3 ____ 특허박스

특허를 이용한 수익 창출의 경로는 매우 다양해졌다. 특허의 라이선싱 수수료 수입이나 기술이전 및 양도를 통한 수익이 그 예이다. 이는 기술의 확산에도 큰 도움이 된다. 이렇게 지식재산으로부터 발생하는 소득에 대해 법인세를 감면해주는 제도가 바로 특허박스이다.

특허박스 제도가 기존 R&D 조세감면 제도와 다른 점은, 기술개발 이전 단계가 아닌 개발 이후의 단계에서 혜택을 부여한다는 점이다. 우리나라의 R&D 세액공제 제도는 연구개발 비용의 지출액에 대해 사전 조세 혜택을 주는 제도라면, 특허박스 제도는 연구개발 활동을 통해 창출된 성과물에 대해 사후적인 조세 혜택을 주는 제도라고 할 수 있다. 즉, 연구개발의 성과물(특허)이 수익을 낼 수 있을 만큼 고도화되었을 경우에 조세 혜택을 줌으로써, 보다 양질의 기술을 개발하도록 유도한다. 또한 연구개발의 위험도가 크지만, 사업성이 탁월한 기술에 대해 보다 적극적으로 투자 결정을 할 수 있도록 도울 수 있다. 이는 혁신활동의 시장실패를 해결할 수 있는 또 하나의 제도인 것이다.

특허박스의 또 다른 정책 의도는 기술 및 지식의 확산에 있다. 특허박스는 지적재산을 양도하거나 빌려주는 행위를 통해 얻는 수익에 대해 법인세 감면을 해줌으로써 기술 확산을 독려한다. 이는 특히 중소기업과 같이 기술개발에 어려움을 겪는 경제 주체들이 필요로 하는 사안이다. 양질의 기술을 양도 받음으로써 상대적으로 저렴한 비용으로 기술개발을 진행할 수 있다.

이 외에도 특허박스 제도는 글로벌 기업 들의 자국 내 투자를 유도하는 데 활용되기도 한다. 기업들은 법인세율 이 높은 국가에서 낮은 국가로 공장이나 지적재산을 이전시키는 선택을 할 수 있다. 특허박스 제도를 통해 상대적으로 유리한 조세 혜택을 제공함으로써 글로벌 기업들의 자국 내 투자를 촉진시키는 것이다. 이에 특허박스는 이미 유럽 유수 국가들과 중국 및 일본에서 시행중에 있다.

하지만 위와 같은 특허박스 제도의 여러 이점 이면에는 이 제도를 둘러싼 여러 이해관계자들의 복잡한 셈법이 얽혀 있다. 즉, 특허박스 제도는 일종의 조세 감면 제도, 즉 누군가에겐 이득이 되지만 다른 누군가는 직간접적인 손해를 줄 수 있는 정책이다. 이를테면, 기업들의 입장에서는 보다 많은 세제 혜택을 받기 원하겠지만, 정책결정자의 입장에서는 한정된 조세 자원이 문제가 된다. 혹은 상대적으로 지적재산이 많은 대기업들이 중소기업에 비해 더 많은 혜택을 받을 수 있다. 이는 지난 10년간 대기업에 대한 법인세 혜택이 증가해 왔고, 근로소득자나 자영업자들의 소득공제 항목이 지속적으로 축소되고 있는 국면에서 자칫 대기업들의 잇속만 챙겨준다는 비판을 야기할 수 있다. 따라서 합리적인 특허박스 정책 설계를 통해 이 정책이 의도하고자 하는 바를 효과적으로 달성해야만 한다. 이미 영국을 포함한 여러 국가들이 국가적 혁신을 위해 특허박스 제도를 시행하고 있다. 그러나 국가마다 특허박스의 세부적인 정책이 조금씩 다르다. 그렇다면 어떻게 특허박스 정책을 설계해야 할까? 이를 정책 설계의 대표적 이론인 사회적 형성 이론으로 풀어보고자 한다.

현실의 정책은 특정 집단의 정책효과에 대한 예상을 토대로 전개하는 정치적 행위이며, 정책결정 주체가 지니고 있는 중심적인 가치판단의 문제라고 할 수 있다. 이러한 인식을 바탕으로 Schneider and Ingram(1993)은 정책결정의 공식적인 권한이 있는 국회의원이나 행정부 관료의 정책 대상 집단에 대한 인식이 정책 내용을 결정짓는 중요한 요소라고 주장하였다. 즉 정책결정자는 정책에 의해 영향을 받게 되는 대상 집단을 식별하고, 대상 집단에 대한 인식에 근거하여 특정 집단에게는 편익을, 다른 집단에게는 비용을 부담하게 하는 내용의 정책 설계를 하게 된다는 것이다. 따라서 정책결정자들이 특정 정책의 이해관계자들을 어떻게 판단하고 있느냐에 따라 정책 설계의 방향이 달라질 수 있다.

특허박스 정책 내에는 누구를 대상으로 할 것인지, 제도의 허용 소득 범위는 어디까지인지 등의 구성요소들이 있다. 해외 유수의 연구소와 우리나라의 국책연구기관에서는 다음과 같은 주요 특허박스 정책 요소들을 제시하고 있다.

1) 적용대상:

특허박스의 세제혜택을 누구에게 부여할 것인지에 대한 문제이다. 현행 연구개발 세액공제 제도와 같이 중소, 중견기업에게만 적용할 것인지, 아니면 정책 활용도를 높이기 위해 대기업에게까지 허용할 것인지가 주요 쟁점이다. 만약 대기업에게도 특허박스 정책을 통한 세제혜택을 부여하게 되면 기술 활성화 등에 도움이 되지만 한정된 조세 자원에 부담이 된다.

2) 소득 범위:

특허박스를 적용할 대상 소득 범위를 의미한다. 지적재산을 통한 소득에는 크게 로열티, 처분수익, 그리고 해당 지적재산을 활용한 재화 및 서비스의 판매를 통한 매출 등이 있다. 이 역시 한정된 조세 자원에 대한 문제가 있다.

3) 개발자 국적:

해외에서 개발된 지적재산에 대해서도 특허박스를 통한 세제혜택을 줄 것인지와 관련한 정책 요소이다. 이를 허용하게 되면 글로벌 기업들의 투자유치를 촉진시킬 수 있으나 상대적으로 적은 수의 해외지사를 보유하고 있는 중소, 중견기업들은 그 수혜 정도가 적을 수 있다.

4) 지적재산 범위:

직접 개발한 지적재산뿐만 아니라 다른 개발주체로부터 매입한 지적재산에 대해서도 특허박스 정책을 적용할 것인지와 관련한 정책 요소이다. 특히 최근 화두가 되고 있는 "특허괴물"과도 관련이 있는 사안이다. 특허괴물이란 매입한 특허를 토대로 특허소송을 벌여 이익을 창출하거나 로열티 수입을 챙기는 회사를 일컫는다. 만약 매입한 지적재산에 대해서도 특허박스 정책을 허용하게 되면, 이러한 특허괴물들에 대해서도 조세혜택을 주는 결과를 낳게 된다. 그러나 매입한 지적재산에 대한 특허박스 혜택은 특허거래 활성화에 도움이 된다.

그렇다면 이러한 정책적 요소들에 대해 특허박스 정책과 관련한 정책결정자들은 어떠한 생각을 갖고 있을까? 이를 통해 특허박스 정책 설계의 가이드라인을 세워볼 수 있다.

Park and Sohn(2017)에서 지적재산 관련 공무원 및 전문가들을 대상으로 한 설문조사 분석에 따르면 소득 범위에서는 모든 소득에 대해 세제혜택을 주자는 의견이 많았고, 적용대상 범위에 대해서 중소, 중견기업에게까지만 혜택을 주자고 응답하였다. 대기업보다는 중소, 중견기업에게 정책 호의적임을 알 수 있다. 우리나라에서는 특허박스와 유사한 "기술취득금액에 대한 과세특례"라는 제도가 있다. 특허권 등의 취득금액에 대해 일정 부분 세액공제를 해주는 제도인데, 2016년까지는 중소기업만을 대상으로 하였다. 그러나 최근 차등적으로 중견, 대기업에게도 해당 제도의 세제혜택을 부여하는 것으로 법이 개정된 것을 감안하면, 특허박스 역시 순차적으로 확대 적용되는 것이 합리적이라 판단된다.

또한 지적재산 범위에 있어서는 직접 개발한 지적재산에 대해서만 혜택을 줘야 한다는 의견이 많았다. 특허박스의 정책의도가 국가 혁신 수준의 상향화이기 때문에 다른 개발자로부터 기술을 매입하기보다는, 직접 기술을 개발하도록 유인하려는 의도로 보인다. 또한 이미 언급했듯, 특허괴물에게 조세혜택을 줄 수 있는 여지가 있어 직접 개발한 지적재산에 대해서만 특허박스 제도를 적용하는 방향이 타당하다고 생각된다.

개발자 국적에 대해서는 해외에서 개발된 지적재산 역시 혜택을 줘야 한다고 응답하였다. 해외 개발 지적재산에 세제혜택을 줌으로써 글로벌 기업들의 투자유치를 촉진시키는 효과를 기대하는 것으로 보인다.

이러한 결과를 정리하면, '국내외'에서 '직접 개발한 지적재산'과 관련한 '모든 소득'에 대해 '중소, 중견 기업'을 대상으로 특허박스 혜택을 부여하는 것이 타당하다고 볼 수 있다. 물론 향후 특허박스 정책이 우리나라에 안정적으로 정착이 된다면, 대기업까지 특허박스 제도를 확대 적용하고 직접 개발한 지적재산뿐만 아니라 양도받은 지적재산까지도 허용할 수 있다.

자국 내 지식기반 산업 기업들의 투자를 유치하고 혁신성을 제고하기 위해, 2014년부터 특허박스 도입을 검토하고 있는 우리나라 역시 특허박스 제도의 도입을 긍정적으로 고려해 볼 필요가 있을 것이다.

4 ____ 맺음말

최근 삼성과 애플의 특허분쟁이 있었다. 본 특허분쟁에서 디자인이나 상용특허 등의 침해로 인한 배상액은 그야말로 천문학적인 액수였다. 우리는 이 특허분쟁을 통해 보이지 않는 무형의 특허로 얻을 수 있는 경제적 가치가 얼마나 큰지 몸소 체감하였다.

만약 특허제도가 없었다면? 우리는 이러한 세기의 법률분쟁을 볼 수도 없었을 뿐더러, 아예 스마트폰이라는 제품 자체를 볼 수 없었을지도 모른다. 누군가 개발한 제품이 조금이라도 대중의 인기를 끈다 싶으면 또 다른 누군가가 재빨리 모방하여 출시하는데, 누가 돈과 시간을 들여 신제품을 개발하려 하겠는가. 특허제도가 있음에도 불구하고, 애플이 처음 선보였던 스마트폰이 1년도 채 안 되어 삼성을 필두로 한 전 세계 여러 제조사의 주력 상품이 된 것만 보아도 우리는 이러한 사실을 쉽게 알 수 있다.

특허박스 제도는 어떤가? 언급했듯, 본 제도는 기업의 총수익 중 지적재산을 통해 발생하는 수익에 대해 비과세 또는 특별과세 형태로 법인세율을 우대

적용하여 양질의 지적재산을 유도한다. 새롭고 혁신적인 기술이 양산될 수 있는 토대가 되는 것이다. 최근 한국경제연구원에서는 주요국 특허박스 제도의 긍정적인 도입효과와 우리나라 적용 시사점에 대해 심층 분석 보고서를 냈고,2013년에는 대한상공회의소가 '정부에 바라는 기업현장애로 100선 건의'에서 특허박스 제도 도입을 정부에 정책제언했었을 만큼 현 우리 사회는 빠른 혁신 속도에 보조를 맞출 정책적 기반 형성에 한 목소리를 내고 있다.

혁신에서도 시장실패가 나타날 수 있다. 민간 차원의 혁신 창출을 위한 노력도 중요하겠지만, 이를 뒷받침해줄 제도적 장치 역시 필요하다. 말로만 4차 산업혁명의 중요성을 역설할 것이 아니라 실제적인 혁신이 나타날 수 있는 기반이 만들어지길 기대한다.

V.
新 지식재산

제11장

환경보전에는 득(得), 바이오 기업에는 독(毒)? 나고야 의정서와 생물 유전자원

이보경
move314@gmail.com

1 ＿＿ 나고야 의정서와 신 지식재산의 등장

2010년 10월 일본 나고야에서 생물의 다양성을 보전하고 인류가 지속 가능하게 이용하며, 나아가 이로부터 발생하는 이익을 공평하게 나누는 것을 약속하는 생물다양성협약(CBD, Convention of Biodiversity)의 당사국총회(CoP 10, Conference of the Parties 10)가 개최되었다. 생물다양성협약이 처음 국제 사회에서 논의된 것은 1992년 브라질 리우 정상회의에서이다. 생물의 다양성 보호 및 보존을 위해 생물 유전자원의 주권을 인정하고, 나아가 신 지식재산으로서 유전자원 이용국이 공여국과 이익을 공유해야 한다는 취지를 규정하였으나 세부적 이행 방법을 조율하지 못한 채 개발도상국과 선진국의 치열한 공방이 계속되어 왔다. 2010년에 이르러 '유전자원에 대한 접근과 이용으로부터 발생한 이익의 공정하고 공평한 공유에 관한 나고야 의정서'(이하, 나고야 의정서)가 채택되었고

2014년 우루과이가 50번째 국가로 비준하며 본격적인 생물 유전자원 주권 시대의 막이 올랐다.

2017년 10월 기준, 당사국 196개 중 104개국이 비준을 마쳤다. 우리나라는 2011년 의정서에 서명, 2017년 3월 비준 동의안이 국회를 통과하였다.

이에 따라 나고야 의정서 발효를 통해 해외 유전자원 및 전통 지식을 이용하고 싶은 바이오 기업은 자원 보유국에 사전 통보 승인(PIC, Prior Informed Consent)을 받아야만 접근이 가능해졌다. 또한 자원 접근과 이익 공유에 대한 상호 협의 조건(MAT, Mutually Agreed Terms) 체결을 통해 유전자원 접근 방법 및 이익 공유의 내용과 구체적 방법에 대해 정의하고 상호 합의를 이루어야 유전자원과 전통 지식을 상업적 용도로 활용할 수 있게 되었다.

생물 유전자원이 풍부한 개발도상국은 새로운 자원의 발견이며, 수많은 선진국 바이오 기업은 다양한 유전자원의 현황을 쉽게 파악하고 합법적으로 접근할 수 있는 창구가 열린 것이다. 한편, 나고야 의정서를 따르지 않고 이용자가 사전 통보 승인과 이익 공유 계약 체결 의무를 위반할 경우, 제품을 통한 수익금 및 지적 재산권까지 박탈당할 수 있어 의정서에 대한 미흡한 대응은 통상 분쟁의 씨앗이 될 수도 있다.(박원석, 2015)

2 ＿＿ 생물과 전통지식의 해적(Bio-Piracy)

미스김라일락이라는 꽃 이름을 들어 본 적이 있는가? 1945년 해방 미군의 군정 통치 시절, 미 육군 사령부 군정청에는 미국의 다양한 연구기관 소속의

학자들이 파견되어 있었다. 미국 농무성에서 파견된 학자들은 우리나라의 다양한 식물 종자를 채집하여 미국에서 파종하고 연구를 이어나갔다.

엘윈 미더는 북한산 백운대에서 우연히 털개회나무(수수꽃다리)를 채집하였고 이후 미국 뉴햄프셔 대학에서 품종 개량을 통해 대량 증식을 성공하였다. 미더는 자신이 한국에 있을 때 많은 도움을 준 김 비서의 이름을 따라 미스김라일락이라는 이름으로 신품종을 등록하였다.

미스김라일락은 현재 미국 라일락 시장의 30% 이상을 차지하며 높은 인기를 끌고 있으며 도리어 한국으로 수입되는 상황에 이르렀다. 당시만 해도 우리나라는 종 보호의 중요성을 제대로 깨닫지 못하였으며 1984-1989년도 미

출처: by Tom Britt(CC BY 2.0), https://www.flickr.com/photos/atgeist/8571963281

• 그림 11-1 • 미스김라일락

국 국립수목원과 홀덴수목원은 950종의 한국 자생 식물종을 반출해가기도 했다. 이후 2001년 '국외반출 승인대상 생물자원 지정·관리제'가 실시되며 우리나라 자생식물의 해외 반출을 금지시켰다.

선진국의 바이오 기업은 뛰어난 기술력을 바탕으로 전 세계 국가의 생물자원을 조사하고 개발하여 막대한 이익을 얻고 있다. 자원 원산 국가와의 협의 없이 유전자원을 활용하여 지식재산권을 확보하고 이익을 얻는 행위를 강하게 규탄하기 위해, 이러한 기업을 생물과 전통지식 해적(Bio-Piracy)라고 부르기도 한다. 이러한 Bio-Piracy의 대표적인 사례가 바로 독감의 치료제로 유명한 타미플루이다.

지난 2009년 멕시코를 시작으로 전 세계에서 신종 인플루엔자가 유행하였다. 이때, 유일한 치료제로 스위스 제약사 로슈가 개발한 타미플루가 전 세계적으로 판매되었고 품귀 현상을 빚기도 하였다. 타미플루 판매로 로슈는 2009년에 33억 달러, 2010년 10억 달러의 매출을 기록하였으며 독감 치료제 시장의 95%를 차지하고 있다.

사실 타미플루는 1996년 미국 제약 벤처 회사인 길리어드 사이언시스가 중국의 팔각회향에서 시키믹산을 추출하여 타미플루 원료인 인산 오셀타미비르로 정제하여 생산된 것이다. 이후 1997년 로슈는 2016년까지 독점 사용권을 구매하였고, 매출의 22%를 수수료로 길리어드 사이언시스에 지급해왔다. 물론, 팔각회향의 원산지인 중국은 아무런 혜택을 보지 못하였다.

만일 타미플루가 나고야 의정서 발효 이후 개발되었다면 어떻게 되었을까?

• 그림 11-2 • 좌: 타미플루, 우: 팔각회향

팔각회향에서 시키믹산을 추출하여 원료를 가공하는 특허를 보유하고 있는 길리어드 사이언시스는 특허 문서에 재료 원산지인 중국을 표기해야 한다. 또한 해당 식물에 접근·이용하기 위해서는 반드시 이익을 공유하는 계약 체결이 필요하다. 따라서 타미플루 특허권을 가지고 라이선싱을 준 길리어드 사이언시스는 자신의 특허에 원산지인 중국을 기재해야 하며, 이로 인해 생기는 이익을 중국과 나눌 비율을 MAT를 통해 협의해야 한다. 만약 나고야 의정서에 따라 이익 공유가 체결되었다면 중국은 자신이 보유하고 있는 팔각회향이라는 신지식재산을 통해 막대한 이익을 기대할 수 있었을 것이다.

이와 같이 나고야 의정서 발효를 통해 주로 개발도상국인 자원 부국은 새로운 이익 창출을 기대하고 있으며 착실하게 준비하고 있다. 반면, 생물자원과 전통지식을 이용하는 바이오 기업은 향후 이익을 자원 제공 국가 및 제공자와 공유해야 하므로 이들의 지재권 포함 기업 이윤이 제한될 것으로 예상하고 있다.

3 그린 골드러시 – 새로운 기회를 엿보는 자원 부국

1) 인도

인도는 전 세계 생물종 가운데 8%를 고유 생물종 보유하고 있으며 전 지역에 동물 91,200종 식물 45,500종이 보고된 자원 부국이다. 따라서 인도는 아시아 국가 중에서도 활발히 나고야 의정서 발효를 준비하고 이익 공유 시스템을 구축하였다.

인도에서는 2002년 생물 다양성법과 2004년 생물다양성규칙을 제정하였고 이를 상업적·비상업적 유전자원 접근에 모두 적용하고 있다. 또한 특허법을 개정하여 전통 지식을 선행 기술로 인정, 특허 무효화를 가능하게 하였고 특허출원 시 유전자원과 전통지식의 원산지를 의무적으로 공개하도록 한다.

인도 국립생물다양성기관, 州㈜생물다양성이사회, 그리고 생물다양성관리위원회에서 이익 공유 절차를 담당하고 있으며 외국인의 인도 유전자원과 전통지식 접근에 대한 결정을 이행하며 향후 유전자원 및 전통지식을 활용한 지식재산권에 대한 승인 여부도 관리하고 있다. 州생물다양성이사회는 주로 지역의 생물 유전자원 및 전통 지식을 관리하고 특히 내국인의 유전자원 접근 및 활용을 관장하고 있으며 생물다양성관리위원회는 나머지 두 기관의 업무를 지원하며 동시에 생물자원과 전통지식을 보전하고 지속 가능하게 이용할 수 있도록 하는 역할을 수행하고 있다.

더불어 인도 생물다양성기관에서는 이익 공유 가이드라인을 마련, 법무부 심사를 완료한 상태이다. 내국기업이 생물유전자원 및 전통지식을 활용하여 제품을 출시할 경우 출고가 기준 최소 0.1%를 이익공유하고 외국기업은 대략 0.2~1% 사이의 금액을 지불하도록 하였다.

출처: by Ton Rulkens(CC BY-SA 2.0), https://www.flickr.com/photos/47108884@N07/5482124194,

• 그림 11-3 • 인도 님나무

님나무는 전통적으로 인도 토착 공동체에서 살충제 및 피부병 약으로 사용되어왔다. 그런데 미 농무성과 그레이스社(사)는 이 나무에서 항균 성분을 추출, 살충제 개발을 해서 유럽 특허청에 특허 등록을 하였다. 인도 정부와 유럽 연합의 녹색당은 해당 특허가 인도 생물자원과 전통지식을 바탕으로 한 것이라고 주장, 결국 유럽 특허청은 진보성 결여를 바탕으로 해당 특허를 취소하였다.

2) 중국

중국은 인도와 같이 생물다양성 부국으로 넓은 산림, 습지, 초원 등에 약 35,687종의 동물과 도관식물을 보유하고 있다. 다만, 극심한 사막화와 환경 오염으로 야생 식물 및 동물 종이 멸종 위기에 처해 있는 상태이다. 따라서 중국은 보유 유전자원을 보호는 동시에 지속적으로 이용하기 위한 노력을 시행해 왔다.

나고야 의정서 발효 이후 중국 정부는 국제협력 강화와 교류 및 중국생물유전자원이용 및 이익공유 관리에 관한 통지('14.10.)를 발하여 생물유전자원의 보존 및 관리 및 국제협력과 교류 프로젝트 관리 및 모니터링 강화 전략을 세웠다. 구체적으로 중국은 환경보호법, 야생동물보호법, 야생식물보호조례, 종자법, 중의학법 및 해저자원탐사 개발에 관한 법을 통해 유전자원을 보호하는 법령을 시행하고 있으며 유전자원 이익 공유 문제를 지식재산권과 연계하여 정책을 수립해왔다.

중국은 2016년 6월 나고야 의정서에 비준하였다. 2014년 발효된 통지에 따르면 중국생물다양성보호국가위원회가 이익 공유 업무를 총괄하고 세부적으로 환경보호부와 각 책임 기관이 협력하는 형태이다. 국내 바이오 기업이 활용하고 있는 해외 유전자원의 절반 이상이 중국에서 수입하고 있는 실정으로 중국의 나고야 의정서 비준이 국내에 미친 영향은 매우 크다.

4 ____ 나고야 의정서 비준이 바이오 기업에 미치는 영향

나고야 의정서는 자연 유래 성분을 통해 제품을 생산하는 다양한 바이오 기업에 영향을 끼칠 것으로 예상된다. 제약 산업의 경우 천연물 신약의 원료로 식물 추출 성분을 활용하는 경우가 대부분이며 화장품 산업 역시 최근 소비자의 트렌드에 따라 기존 화학 합성물을 미생물 및 식물 추출 성분으로 대체하고 있다.

● 표 11-1 ● 국내 기업의 해외 바이오 자원 활용 예시

국내 기업명	바이오 자원(제품)	자원 보유국
동아제약	은행엽엑스(써큐란)	중국
대웅제약	천궁(헤모에이큐)	중국
신일제약	담죽엽(비오미신)	중국
LG생활건강	지황(수려한 에센스)	중국

국내 제약 및 화장품 업체 중 제품 원료에 외국의 바이오 자원을 활용하는 예시이다. 국내 바이오 기업의 절반 이상이 해외 생물자원을 활용하고 있으나 이에 대한 대응책을 마련한 기업은 전체의 8.8%에 불과한 것으로 나타났다.[8] 나고야 의정서에 대한 대비가 미흡할 경우, 약 500억 원이 넘는 피해가 예상된다. 이러한 막대한 손실의 발생은 의정서 비준 후 자원 보유국과 계약이 이루어지지 않은 상태에서 해외 자원을 사용한 제품의 경우 판매 금지는 물론 생산 제품을 폐기 처분해야 하는 상황이 올 수 있기 때문이다.

나고야 의정서 비준은 우리나라와 같이 자원 빈국의 바이오 기업에게 부담으로만 작용할 것인가? 나고야 의정서에 따라 자원 부국 -특히 개발도상국- 은 보유 유전자원 및 전통 지식을 보호하고 또한 상업적으로 활용하기 위해 조사하여 공개할 것이다. 따라서 막대한 조사비용 없이 누구나 전 세계의 유전자원 정보를 획득하고 자원보유국에서 자원을 효율적으로 제공받을 수 있게 되었다.

8) 바이오협회와 국립생물자원관에서 2016년 136개 바이오 기업 대상으로 실시한 설문조사에서, 응답 기업의 54.4%가 해외 생물 자원을 이용하고 있다고 답변하였다. 전체 응답 기업 중 8.8%만이 나고야 의정서에 대한 대응책을 마련하고 있는 것으로 나타났다.

이와 더불어 생물 다양성 손실에 대한 대중들의 수용 한계가 점차 낮아지고 있다. 즉, 기업 활동이 생태계에 악영향을 미치는 경우 대중의 기업 신뢰도는 크게 하락하고 나아가 생산 제품에 대한 불매 운동이 일어나는 실정이다. 따라서 국제적 협약 이행의 차원뿐만 아니라, 기업은 대중의 요구에 따라 생물 다양성 및 생태계 보전을 지향하는 방향으로 제품 생산 및 서비스를 제공할 필요가 있다.

• 그림 11-4 • 샌달우드

미국 화장품 기업 아베다는 호주 마운트 로망스와 파트너쉽을 통해 향수 원료인 샌달우드를 제공받고 원주민 지역 사회에 충분한 이익이 돌아갈 수 있는 공급망을 구축하였다. 이를 통해 아베다는 샌달우드를 안정적으로 공급받으며 지역 사회 환원이라는 긍정적인 홍보 효과를 동시에 얻을 수 있었으며, 원주민 역시 기존 공급망 납품 가격에 비해 높은 이익을 얻을 수 있게 되었다.

5 종의 전쟁에서 살아남기 위한 전략, 이익 공유 절차의 이해

1) 이익 공유(ABS; Access and Benefit Sharing) 적용 여부 확인

이익 공유 적용 대상은 유전자원과 유전자원 관련 전통지식을 포함하고 있다. 다만, 인체 유전자원, FAO ITPGRFA 협약이 적용되는 유전자원, 공해 및 남극 지역의 유전자원은 대상에서 제외되고 있다. 국가마다 파생물 및 제품에 대한 기준이 달라 자원 보유국의 국내법을 확인할 필요가 있다. 유전자원 접근절차에 대한 정보는 국가별 연락 기관을 통해 얻을 수 있다.[9]

2) 사전 통보 승인(PIC: Prior Informed Consent)

유전자원의 소유권자와 승인권자를 확인하고 PIC에는 유전자원 접근자의 정보와 해당 유전자원의 특성, 확보 방법 및 분포 지역 그리고 필요량을 명시할 필요가 있다. 또한 사용 목적과 잠재적 이용 가능성을 사전에 통보할 의무가 있다. 물론 비상업적 연구 목적의 경우 간소화된 절차가 존재할 수 있으므로 각 국가의 책임기관에 확인이 필요하다.[10]

3) 상호 합의 조건(MAT: Mutually Agreed Terms)

CBD 제15조 5항에 따라 이용자와 제공자 간 상호 만족할 만한 합의를 바탕으로 한다. 공유할 이익의 범위는 로열티나 선불과 같은 금전적 이익과 교육훈련 및 기술이전과 같은 비금전적 이익을 모두 포함한다. 상호합의문에는 반드시 유전자원 종류, 수량, 목적, 이용 기간, 이익 공유 종류 및 방법을 비롯하여 지적재산권 관련 출원 가능 여부 및 원산지 기재 여부 등에 대한 구체적인

9) 국가별 연락기관: http://cbd.int/doc/lists/nfp-abs-icnp.pdf
10) 국가별 연락기관: http://cbd.int/doc/lists/nfp-abs-icnp.pdf

정보가 기재되어야 한다.

이후 국가 별 감시기관은 이익 공유 이행 및 의무 준수 모니터링을 실시하고 분쟁 발생 시 MAT를 기준으로 해결한다.

ABS 적용 여부 확인

연구계획수립
ABS 적용 범위 확인(유전자원 원산지, 출저 등)
해당국가의 구내법 및 관련 기관 확인

사전통보승인(PIC)

유전자원의 소유권자와 승인권자 확인
접근 및 이용의 목적 및 예상 결과 정의
탐사활동 및 이용의 기간 계획

상호합의 조건(MAT)

접근 및 이용할 유전자원의 종류 및 수량 정의
구체적인 이익 공유의 종류 및 방법 협의
MAT 체결

이익 공유

금전적: 로열티, 연구자금, 공동 펀드 등
비금전적: 연구 참여 및 공유, 기술이전 및 훈련, 특허권 공동 소유 등

이행 및 의무준수 모니터링

계약 내용에 따른 이행 및 의무 준수
이용 목적 변경 필요 시 제3자 이전
국가 책임 기관 발급 국제 인증서 출처 공개

• 그림 11-5 • 이익 공유 절차

이익 배분 협의를 위한 생물 유전자원 가치 평가

나고야 의정서 비준에 따라 해외 유전자원 및 전통지식의 상업적 활용 시 제공국과 이용자 사이의 이익 공유의 상호 합의 조건(MAT)에 협의가 선행되야 한다. 그러나 유전자원을 통해 이익이 실현되기 전에 상호 합의 조건을 통해 이익 공유 범위와 그 규모를 설정해야 하기에 유전자원 제공국과 이용자 모두 향후 발생한 이익에 대한 예측이 어려운 실정이다.

Lee and Sohn(2016)은 식물 유전자원의 상업적 가치를 측정하는 특허 포트폴리오 기반 프레임워크를 개발하여 제공국과 이용자가 식물 유전자원의 가치를 사전에 인지하고 협의를 투명하게 이행할 수 있도록 하였다. 특허 포트폴리오 기반 식물유전자원 프레임워크는 자원의 기술적 가치, 시장 가치 그리고 지역독점성 측면에서 13개의 지표를 제시하였고 학계, 정부 기관, 바이오 기업 의사결정자의 의견을 바탕으로 지

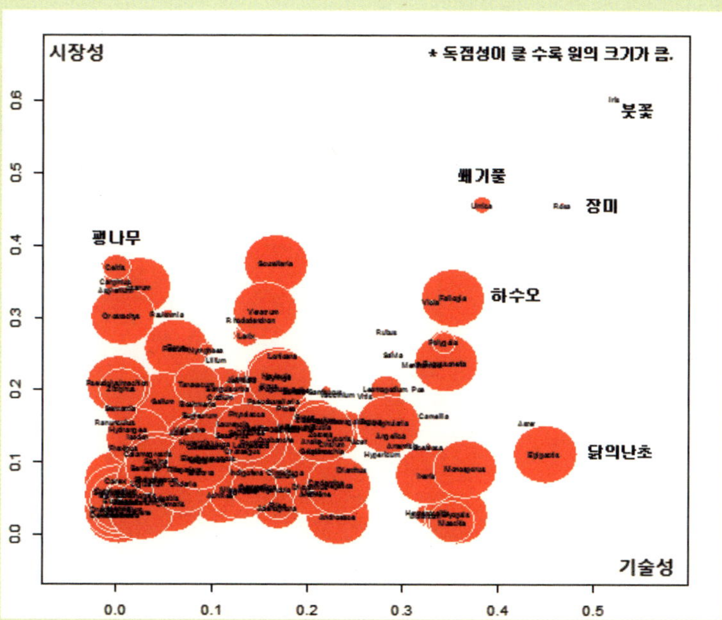

• 그림 11-6 • 국내 식물 유전자원 가치 평가

표별 가중치를 설정하였다.

평가 프레임워크를 통해 국내 식물 유전자원의 가치 평가를 실시하였다(그림 11-6).

붓꽃, 장미 및 쐐기풀 속에 속하는 한국 토착 식물은 시장성과 기술성 모두 높으나 다른 국가에 같은 속의 식물이 다수 존재함으로 독점성이 매우 적은 것으로 나타났다. 또한 하수오의 경우 시장성과 기술성은 앞의 세 속보다 작지만 자생 지역이 한정되어 식물 유전으로 독점성을 높음을 발견하였다.

유전자원 평가 결과 팽나무는 시장성은 높으나 기술성이 낮은 것으로 나타났다. 이는, 시장에서 팽나무의 활용에 대한 관심은 높으나, 아직은 이 자원을 이용한 기술 및 제품이 많지 않다는 것으로 해석할 수 있다. 반면, 팽나무와 반대로 닭의난초는 시장성은 낮으나 기술성이 높은 것으로 평가되었다. 이는 한국 및 일본에서 닭의난초를 활용한 화장품 재료 관련 특허가 다수 존재하나, 해당 제품의 주력 시장이 동아시아에 한정되어 있어 시장성은 다소 낮게 평가된 것이다.

제12장

희토류자원과 기술전쟁

주용한
juyonghan@yonsei.ac.kr

1 희토류자원의 특징 및 특허 분석

희토류(稀土類)는 많은 첨단 산업에서 활용되고 있는 자원이다. 희토류란, 주기율표의 17개 화학 원소의 통칭으로 스칸듐, 이트륨, 란타넘부터 루테튬까지의 란타넘족 15개 원소를 말하며, 이들을 묶어 희토류라고 칭하는 이유는 화학적 성질이 유사하고 광물 속에 그룹으로 함께 존재하기 때문이다.

20세기 중반까지 인도, 브라질, 남아프리카 공화국이 희토류의 주요 산지였다. 이후 1960년대에서 1980년대까지는 미국이 주요 생산지였으나, 현재는 대부분이 중국에서 생산된다. 중국은 세계 시장의 희토류 원소 공급 중 97%를 차지하고 있으며, 대부분 내몽골 지역에서 산출되고 있다.

희토류가 주목받는 이유는 독특한 화학적, 전기적, 자성적, 발광적 특징과 함께 탁월한 방사성 차폐 효과를 가지고 있기 때문이다. 예를 들어, 광섬유 제조에 사용되는 가돌리늄이나 어븀은 미량만 첨가해도 빛의 손실이 일반 광섬유의 1%까지 낮아지며, 터븀을 사용한 합금은 열을 가하면 자성을 잃고 냉각시키면 자성을 회복하는 특성을 가지고 있는데, 이러한 특성들은 정보를 입력 및 기록할 수 있는 광자기 디스크를 만드는 데 이용된다. 이 밖에도 스마트폰, 하이브리드 자동차, 고화질 TV, 태양광발전, 항공우주산업 등 첨단산업에서는 희토류가 대부분 활용된다.

2009년~2010년 무렵에 세계 IT 시장에서 스마트폰 수요가 폭발적으로 증가하면서 희토류의 수요 또한 덩달아 늘어났다. 이때, 중국은 자원보호를 이유로 희토류 수출을 통제하였으며, 가격은 4~5배 급등하게 되었다. 이로 인하여 휴대전화 및 가전제품을 주력 수출 제품으로 삼고 있는 한국과 일본은 큰 경제적 타격을 입었다. 이후 미국과 유럽을 중심으로 반격이 시작되었으며, 희토류 수출을 무기화하려는 중국을 WTO에 제소하고 자국에서 희토류 채굴사업을 시작하였다. 이로 인하여 희토류 생산의 중국 의존도는 97%에서 85%까지 축소되었다. 하지만 여전히 중국 의존도는 매우 높은 편이다.

희토류는 중국을 비롯한 미국 등에 1억 톤 이상이 매장되어 있으나, 지금과 같은 추세로 소비하면 약 100년 후에는 고갈될 수도 있다. 특히, 사물 인터넷을 비롯한 여러 IT 기술들이 점점 더 우리 일상생활에 많은 영향을 미치는 4차 산업 혁명 시대에서, IT산업에 필수적으로 활용되는 희토류자원은 세계적으로 큰 관심을 가지고 있다. 우리나라에서는 2012년부터 한국 광물자원공사에서 남아프리카 공화국의 희토류 광산을 인수해 채굴 사업을 진행하고 있다. 또한, 희토류 확보를 위한 다각적인 노선 확보와 함께 좀 더 적은 희토류로 더 나은 성능을 이끌어내는 연구 또한 활발히 지속되고 있다.

희토류 관련 연구개발의 경향성을 파악하기 위하여 다양한 분석이 시도될 수 있다. 우리는 특허를 기반으로 한 희토류 기반 연구개발 영역을 확인하고자 한다. 특허는 개발한 기술의 상세한 설명을 공개함으로 써 기술의 혁신을 주도하는 것과 동시에 배타적 실시권을 기반으로 한 특허권자의 경제적 실익을 도모하기 때문에 주요 기술 영역을 확인하는 데 중요하게 활용된다.

희토류 특허의 기술을 분석할 때 크게 다섯 가지의 지역으로 나눌 수 있다. 현재 희토류를 가장 많이 생산하는 중국, 희토류를 기반으로 첨단 산업 제품을 연구 및 생산하는 한국과 일본, 또한 희토류의 매장량은 많으나 채취를 하지 않고 있으며, 한국과 일본의 제품이 많이 수출되는 미국과 유럽이 그 구분이다. 따라서 이들 특허들은 각각의 특허청에서 특허심사 및 등록을 진행하고 있다. 본 연구에서는 각 특허청에 따른 희토류 특허 기술에 관한 서지정보 분석을 진행한다.

2. 희토류 특허 현황

희토류 특허의 분석을 위하여 본 장에서는 주요 국가의 특허청 - 한국(KIPO: Korea Intellectual Property Office), 미국(USPTO: United States Patents and Trademark Office), 중국(SIPO: State Intellectual Propoerty Office of the P.R.C), 일본(JPO: Japan Patent Office), 유럽(EPO: European Patent Office) 특허청-에 등록된 특허를 취합하였다.[11]

2013년까지 등록된 희토류 관련 특허는 총 약 37,000건이다. 이 중 가장 많은 빈도를 차지하는 것은 미국 특허청이며, 다음으로 일본, 중국, 유럽, 한국

11) 희토류 특허 추출을 위해 "희토류", "rare earth", "raw earth" 라는 단어로 검색식을 구성하였다.

특허청으로 순위를 확인할 수 있었다. 또한, 미국은 전체 희토류 등록 특허의 약 43%를 차지하며, 일본 22%, 중국 14%, 유럽 13%, 한국 8%의 비율을 차지하고 있음을 확인하였다. 또한, 특허 등록 추세를 살펴볼 경우, 미국은 2000년대 이후로 희토류 관련 등록 특허 수가 정체되어 있는 반면에, 중국은 지속적으로 2000년대에도 지속적으로 관련 특허 수가 증가함을 확인할 수 있었다. 또한 일본은 90년대에 희토류 관련 등록 특허 수가 상대적으로 높음을 확인할 수 있었다.

다음으로 각 특허청별 출원인의 국적을 분석하였다. 출원인의 국적이 타국인의 비율이 높다면, 희토류 관련 산업의 시장성이 높아 기술적 우위를 선점하기 위하여 특허를 등록하였다고 해석할 수 있을 것이다. 해당 분석에서 중국 특허는 출원인 국적을 확인할 수 없기 때문에 분석에서 제외하였다. 자국민의 비율은 미국, 일본, 한국에서 모두 절반에 미치지 못하였고, 한국, 일본 그리고 미국 특허청의 외국인 출원인 비율이 각각 63%, 62%, 미국은 57%로 나타났다. 주목할 것은 바로 일본 국적의 등록 특허가 출원인 조사를 분석한 모든 특허청에서 외국인 중 1위를 차지하고 있다는 것이다. 또한 이들의 비율은 거의 자국민의 비율과 동일하다. 이는 일본이 희토류와 관련된 산업, 예를 들어 반도체, 통신, 전기자동차 등의 산업에서 기술적 우위를 확보하기 위하여 노력하고 있음을 의미하며, 이러한 활동은 90년대부터 진행되었음을 본 분석에서 알 수 있었다. 또한 특이점으로 미국인들은 일본 및 유럽 특허청에 많은 수의 특허를 보유하고 있으나, 한국 특허청에는 많은 수의 특허를 등록하고 있지 않음을 알 수 있었다. 이는 우리나라에서 미국에서 생산된 반도체나 전기자동차, 통신기술 등이 활용되지 않고 있다는 측면에서 동일한 현상으로 해석할 수 있으며, 미국은 자국에서 개발 및 생산된 다양한 첨단 산업들이 가지는 가치가 한국 시장에서는 높지 않다고 판단하고 있다고 해석할 수 있다.

다음으로 희토류 특허를 가장 많이 등록한 출원인이 누구인지 확인해보았다. Shin-Etsu Chemical Corporation과 TDK Corporation인 5개국의 특허청에 모두 상위권을 확보하고 있으며, 중국의 경우에는 대학들이 주요 출원인인 것을 확인하였다. 특히 일본의 다양한 기업들이 희토류에 관한 특허를 다수의 특허청에 등록하고 있는 것이 특징으로 생각된다. TDK Corporation, Toshiba Corporation, Shin-Etsu Chemical Corporation은 반도체와 관련된 전자 및 화학산업 업체이며, 한국의 삼성전자도 다수의 희토류 특허를 보유하고 있음을 확인하였다.

3 ____ 토픽 탐색을 위한 텍스트 마이닝

토픽 탐색이란 서지정보를 활용하여 해당 문서에서 주로 다루는 주요 카테고리를 추출하는 방법론이다. 최근 빅데이터 분석 방법론의 발전과 더불어 각광받고 있는 연구 방법론이다. 토픽 탐색을 희토류 특허 분야에 적용하면, 우리는 각 방대한 양의 희토류 특허들이 내포하고 있는 기술 내용이 무엇인지 알아낼 수 있다. 토픽 탐색을 위하여 우리는 특허의 명칭을 형태소 단위로 구분하여 라이브러리를 생성한 뒤, 이를 출현 빈도를 기반으로 정량화하였다. 이후 군집분석을 활용하여 주제를 나누었으며, 나누어진 군집들에서 해당 군집에서만 출현 빈도가 높은 형태소를 주요 기술 영역으로 정의하였다. 우리는 본 연구에서 국제특허분류코드 분류 중 H 섹션(전기; Electricity)을 중점적으로 분

• 표 12-1 • IPC Class H의 희토류 특허의 토픽 탐색 결과 1

주제 번호	주요 설명어	비율
1	영구자석, 제조, 생산, 결합, 방법론, 자석, 희토류 자석, 합금, 자성 분말	18.34%
2	증폭, 수소, 램프, 배터리, 연료, 광 증폭기, 알칼리, 플라즈마, 수은, 2차 전지, 형광등, 할로겐화물, 니켈	23.04%
3	전자발광, 영구자석, 발전기, 캐패시터, 저항체, 부식, 빛 방출	31.47%
4	광 증폭기, 리튬 2차 전지, 레이저, 파장, 제조, 이온, 충전, 광섬유, 통신, 전송, 다이오드, 게이트	16.01%
5	초전도체, 산화물, 제조, 가공, 부식, 필름, 온도, 자성, 세라믹	11.14%

• 표 12-2 • IPC Class H의 희토류 특허의 토픽 탐색 결과 2

특허청 \ 주제 번호	1	2	3	4	5	총 합 (비율)
미국 특허청	740 (15.32%)	1,156 (23.94%)	1,372 (28.41%)	967 (20.02%)	594 (12.30%)	4,829 (100%)
일본 특허청	564 (22.43%)	612 (24.34%)	1,060 (42.16%)	165 (6.56%)	113 (4.49%)	2,514 (100%)
유럽 특허청	224 (16.49%)	298 (21.94%)	379 (27.91%)	251 (18.48%)	206 (15.17%)	1,358 (100%)
한국 특허청	162 (18.06%)	183 (20.40%)	271 (30.21%)	179 (19.96%)	102 (11.37%)	897 (100%)
중국 특허청	237 (26.04%)	172 (18.90%)	225 (24.73%)	120 (13.19%)	156 (17.14%)	910 (100%)
총 합 (비율)	1,927 (18.34%)	2,421 (23.04%)	3,307 (31.47%)	1,682 (16.01%)	1,171 (11.14%)	10,508 (100%)

석해 보았다. 분석 결과는 표 12-1과 12-2와 같다.

표 12-1과 표 12-2를 살펴보면 우리는 희토류 특허의 주제가 5가지로 구분됨을 알 수 있다. 주제 1은 영구자석과 관련된 기술을 의미하며, 주제 2는 니켈 수소 배터리와 반도체, 주제 3은 전자 형광, 주제 4는 광통신 기술, 주제 5는 초전도체의 제작 및 가공에 해당하는 기술로 구분됨을 알 수 있다. 전체 특허의 31%는 주제 3 전자형광분야와 관련됨을 알 수 있다.

주제 1의 영구자석의 경우 대부분의 전자 제품의 핵심부품이면서 특히 중소형 모터에 활용된다. 특히 희토류와 관련된 영구자석은 하이브리드 자동차 산업에서 각광받고 있음을 알 수 있다. 주제 2의 니켈수소 베터리와 반도체의 경우 전기차 분야에서 매우 중요하게 다뤄지는 핵심 기술이다. 주제 3의 전자 형광의 경우 OLED와 같은 디스플레이 산업에서 각광받는 기술과 밀접한 관계가 있으며 주제 4의 광통신 기술은 희토류를 적용하면 광통신케이블 비용 절감에 도움이 된다. 희토류가 특정한 파장대에서 독특한 색을 발생하는 것에 착안한다면 케이블의 단선 여부를 고가의 추가 설비 없이 육안으로 구별이 가능하다고 한다. 또한 광섬유 레이저 기술(장거리 광통신)과도 희토류는 크게 관련이 있다. 여담으로 광섬유 연구를 통해 광통신 발전에 기여한 공로를 인정받아 영국의 찰스 가오는 노벨 물리학상을 수여받았다. 주제 5의 초전도체의 경우 전기효율을 비약적으로 향상할 수 있는 기술과 밀접하게 관련된다.

표 12-2와 같이 해당 기술 영역에 각 특허청의 비율을 확인하면 특허청별 그 특색을 확인할 수 있다. 미국 특허청의 경우 상대적으로 디스플레이 산업에는 집중하지 않으나 광통신분야와 전기효율 분야에 집중하고 있음을 알 수

있으며, 한국과 일본 특허청은 디스플레이 산업에 집중하고 있음을 알 수 있다. 또한 한국 특허청보다 일본 특허청이 하이브리드 자동차와 전기차 분야에 집중하고 있으며 상대적으로 중국은 전기차 기술에는 소극적인 면을 알 수 있다. 또한 중국은 다른 특허청보다 하이브리드 자동차와 관련된 영구자석 분야에 집중함을 알 수 있다. 유럽 특허청의 경우 다른 특허청에 비해 모든 주제에 고르게 특허들이 존재하고 있음을 알 수 있다. 한국과 일본이 디스플레이 산업을 주도하고 있는 점, 일본이 친환경 자동차의 선구자적 역할을 하고 있는 점을 희토류 특허 기술의 분석에서도 확인할 수 있다. 또한 향 후 미국 광통신 기술의 발전을 눈여겨볼 필요가 있다고 생각된다.

4 특허연결망분석과 연관규칙

특허는 국제특허분류(IPC, International Patent Classification) 코드를 항상 기재하도록 되어 있으며, 특허는 한 개 이상의 IPC를 포함할 수 있다. 해당 정보를 바탕으로 우리는 직접적인 연결의 빈도가 가장 많아 중요한 기술이 무엇인지 확인할 수 있으며, 간접적인 연결의 빈도를 기반으로 융합의 관점에서 중요한 기술이 무엇인지를 확인할 수 있다.

빈도수에 대해 분석한 것은 연결 중앙성(Degree Centrality)라고 정의하며, 융합의 관점에서 파악한 지수는 사이 중앙성(Betweenness Centrality)라고 정의한다. 앞서 취합한 주요 국가 특허청의 희토류 관련 특허를 바탕으로 연결 중앙성과 사이 중앙성 지수를 계산하였으며, 이는 표 12-3과 같다.

특이한 점은 높은 연결 중앙성 지수 값을 보이는 국제특허분류와 높은 사이

● 표 12-3 ● 중앙성 지수

① 연결 중앙성 지수

미국특허청		중국특허청		일본특허청		한국특허청		유럽특허청	
국제특허분류	지수	국제특허분류	지수	국제특허분류	지수	국제특허분류	지수	국제특허분류	지수
B01J-023	0.162	B01J-023	0.206	H01F-001	0.171	H01M-004	0.102	B01J-023	0.152
C09K-011	0.049	C22C-001	0.172	C22C-038	0.132	C09K-011	0.101	C09K-011	0.108
B01D-053	0.043	H01F-001	0.154	B22F-003	0.106	B01J-023	0.090	C22C-038	0.061

② 사이 중앙성 지수

미국특허청		중국특허청		일본특허청		한국특허청		유럽특허청	
국제특허분류	지수	국제특허분류	지수	국제특허분류	지수	국제특허분류	지수	국제특허분류	지수
C04B-035	1.793	C09K-011	3.656	C04B-035	1.807	C04B-035	1.594	C09K-011	1.482
H01F-001	1.778	H01F-001	3.078	C09K-011	1.504	C09K-011	0.786	C04B-035	1.481
C01F-017	1.609	C08K-003	2.804	H01F-041	1.432	B01J-023	0.734	H01F-001	1.041

중앙성 지수 값을 보이는 국제특허분류가 매우 다르다는 것이며, 국가 간에도 각 각의 지수에 높은 값을 가지는 국제 특허 분류가 상이하다.

미국, 중국, 유럽에서 가장 높은 연결 중앙성 지수값을 가진 기술은 B01J-

023이다. 이 기술은 B01J 21/00에 분류될 수 없는 금속, 금속산화물, 또는 금속 수산화물(마그네슘, 붕소, 알루미늄, 탄소, 실리콘, 티타늄, 지르코늄 또는 하프늄)로 된 촉매를 기반으로 하는 화학적 또는 물리적 방법에 해당하는 기술이다. 한국에서 가장 연결 중앙성 지수가 높은 기술은 H01M-004이며, 이는 전극과 관련되어 화학에너지를 전기에너지로 직접 변환하기 위한 방법 또는 수단(예를 들어 배터리)과 관련된 기술이다. 일본의 경우에는 H01F-001이며, 이는 자성재료를 특징으로 하는 재료를 의미한다.

사이 중앙성의 경우에는 연결 중앙성과 달리 미국, 일본, 한국의 특허청에서 모두 C04B-035가 융합적 측면에서 중요 기술로 선택되었으며, 이를 바탕으로 기술의 융합 트렌드가 미국, 일본, 한국이 서로 유사하다고 판단할 수 있다. 해당 기술은 조성에 특징을 갖는 성형 세라믹 제품으로 마그네슘과 알칼리 토금속과 관련된 희토류를 다루고 있다. 마그네슘과 알칼리 토금속인 중국의 수입의존도가 높은 희토류로서 중간재 및 완성제품을 생산하는 미국, 일본, 한국은 해당 기술과 관련된 융합기술을 선점하고자 노력하고 있음을 알 수 있다. 중국과 유럽의 경우는 C09K-011이 다른 기술 분류와 가장 빈번하게 함께 나타나며, 이는 전기 및 화학 발광성 물질과 관련된 기술이다.

5 ___ 맺음말

우리는 특허를 통하여 기술적 발전을 미리 예측할 수 있고 평가할 수 있다. 우리의 일상생활과는 매우 멀게만 느껴지는 희토류라는 분야가 사실은 총성 없는 전쟁과 같이 매우 치열한 경제시스템에 노출되어 있음을 알 수 있었다.

또한 기술적 우위를 점하고자 각 특허청에서는 매우 많은 특허들이 등록되어 있음을 알 수 있었다. 특히 특허 서지정보에 관하여 토픽 탐색을 진행하면서 하이브리드 자동차, 전기자동차, 디스플레이 산업, 광통신과 같은 첨단산업 분야에 희토류가 필수적 요소임을 다시 한 번 알 수 있었다. 이를 역으로 생각해본다면 앞으로 우리에게 도래할 미래를 그릴 수 도 있을 것이다.

● 참고문헌

제1장 표준 전쟁에서 어떤 기업이 살아남는가?

Dosi, G.(1982). Technological paradigms and technological trajectories: a suggested interpretation of the determinants and directions of technical change. *Research Policy*, 11(3), 147-162.

M'Chirgui, Z.(2015). Determinants of success in setting standards coalition: empirical evidence from the standard war of the blue laser DVDs. *Applied Economics Letters*, 22(1), 20-24.

Suarez, F. F.(2004). Battles for technological dominance: an integrative framework. *Research Policy*, 33(2), 271-286.

van de Kaa, G., van den Ende, J., de Vries, H. J., & van Heck, E.(2011). Factors for winning interface format battles: A review and synthesis of the literature. *Technological Forecasting and Social Change*, 78(8), 1397-1411.

윤인환, 이희상, & 정철호(2014). 모바일 OS 에서 지배적 디자인을 결정하는 요인의 통합적 프레임워크에 관한 연구. *Journal of Information Technology Applications & Management*, 21(4), 309-329.

정현준(2006). 차세대 DVD 표준 경쟁: Blu-ray vs HD-DVD -플레이스테이션 3 표준 경쟁에서의 의의-. 정보통신정책, 18(17), 통권 401호.

한국정보통신기술협회 'ICT 표준화 활동 가이드'

https://standard.go.kr

제2장 혁신적 기술의 융합, 검은 백조와 회색 코뿔소

Autant-Bernard, C., Fadairo, M., & Massard, N.(2013). Knowledge diffusion and innovation policies within the European regions: Challenges based on recent empirical evidence. *Research Policy*, 42(1), 196-210.

Cabrer-Borras, B., & Serrano-Domingo, G.(2007). Innovation and R&D spillover effects in Spanish regions: A spatial approach. *Research Policy*, 36(9), 1357-1371.

Hammadou, H., Paty, S., & Savona, M.(2014). Strategic interactions in public R&D across European countries: A spatial econometric analysis. *Research Policy*, 43(7), 1217-1226.

Lee, W. S., Han, E. J., & Sohn, S. Y.(2015). Predicting the pattern of technology convergence using big-data technology on large-scale triadic patents. *Technological*

Forecasting and Social Change, 100, 317-329.

Sohn, S. Y., Lee, W. S., & Ju, Y. H.(2013). Valuing academic patents and intellectual properties: Different perspectives of willingness to pay and sell. *Technovation*, 33(1), 13-24.

제3장 1+1=3의 원리, 특허 전쟁에서 협업으로

Levitt, J. M., & Thelwall, M.(2009). Citation levels and collaboration within library and information science. *Journal of the American Society for Information Science and Technology*, 60(3), 434-442.

제4장 지식재산과 기술금융에 대한 이해

Engel, D., & Keilbach, M.(2007). Firm-level implications of early stage venture capital Investment ? An empirical investigation, *Journal of Empirical Finance*, 14(2), 150-167.

Heo, I.S., Sohn, S.Y., & Jie, E, J.(2014). Effects of the matching fund program on IPO and bankruptcy of SMEs in Korea, *Small Business Economics*, 42, 117-129.

Kim, Y. H., & Heshmati, A.(2006). 'Analysis of Korean IT start-up's initial public offering and their post-IPO performance', *Journal of Productivity Analysis*, 34(2), 133-149.

Newbert, S.L.(2005), New Firm Formation: A dynamic capability perspective, *Journal of Small Business Management*, 43(1), 55-77.

Mann, RJ., & Sager, T.W.(2007). Patents, venture capital, and software start-ups, *Research Policy*, 36(2), 193-208.

Renko, M., Carsrud, A., & Brännback, M.(2009). The effect of a market orientation, entrepreneurial orientation, and technological capability on innovativeness: A study of young biotechnology ventures in the united states and in scandinavia, *Journal of Small Business Management*, 47(3), 331-369.

Sohn, S.Y., Kim, H.S., & Moon, T.H.(2007). Predicting the financial performance index of technology fond for SME using structural equation model *Expert Systems with Applications*, 32(3), 890-898.

Stuart, T.E., Hoang, H., & Hybels, R.C.(1999). 'interorganizational endorsements and the performance of entrepreneurial ventures, *Administlative Science Quarterly*, 44(2), 315-349.

제5장 기후변화협약 후, 무엇이 달라졌나? 특허로 평가하기

Jung, S., An, K. J., Dodbiba, G., & Fujita, T., 2012. Regional energy-related carbon emission characteristics and potential mitigation in eco-industrial parks in South Korea: Logarithmic mean Divisia index analysis based on the Kaya identity. *Energy* 46(1), 231-241.

Kwon, D. S., Cho, J. H., & Sohn, S. Y. 2017. Comparison of technology efficiency for CO 2 emissions reduction among European countries based on DEA with decomposed factors. *Journal of Cleaner Production*, 151, 109-120.

Wang, Z., Yin, F., Zhang, Y., & Zhang, X., 2012. An empirical research on the influencing factors of regional CO 2 emissions: evidence from Beijing city, China. *Applied Energy* 100, 277-284.

Weina, D., Botang, H., Xin, Z., & Mazzanti, M., 2015. How does green technology influence C02 emission in China?-An empirical research based on provincial data of China. *Journal of Environmental Biology* 36(4), 745.

Zhou, P., & Ang, B. W. 2008. Decomposition of aggregate CO 2 emissions: a production-theoretical approach. *Energy Economics*, 30(3), 1054-1067.

제6장 요리 레시피를 특허로?

Arons, M. P.(2015). A Chef's Guide to Patent Protections Available for Cooking Techniques and Recipes in the Era of Postmodern Cuisine and Molecular Gastronomy. *Journal of Business & Technology Law,* 10, 137.

"Can Recipes Be Patented?" 2013. Inventors Eye, June. http://www.uspto.gov/inventors/independent/eye/201306ADVICE.jsp(accessed August 08, 2017)

제7장 글로벌 특허 분쟁과 전략적 제소

Fleming, L., & Sorenson, O.(2001). Technology as a complex adaptive system: Evidence from patent data. *Research Policy*, 30(7), 1019-39.

Luo, Y.(2007). A coopetition perspective of global competition. *Journal of World Business*, 42(2), 129-44.

Makri, M., Hitt, M. A., & Lane, P. J.(2010). Complementary technologies, knowledge relatedness, and invention outcomes in high technology mergers and acquisitions. *Strategic Management Journal*, 31(6), 602-28.

제8장 대학에서 창출된 지식재산 누가 소유해야하나

Sohn, S. Y., & Han, E. J.(2017). Engineering graduate students' views on the effective ownership of academic patents. accepted for *The Journal of Technology Transfer*.

Sohn, S. Y., Lee, W. S., & Ju, Y. H.(2013). Valuing academic patents and intellectual properties: Different perspectives of willingness to pay and sell. *Technovation*, 33(1), 13-24.

대학의 지식재산 소유권, 국가지식재산 창출분야 정책 제언, 국가지식재산위원회, 창출전문위원회, 2013. 7.

제9장 공(功)들여 출원한 특허를 공(空)으로 주다?: 특허 공개의 진실

Bessen, J., & Maskin, E.(2009). Sequential innovation, patents, and imitation. The *RAND Journal of Economics*, 40(4), 611-635.

권득신, 조준형, 손소영(2017), 공유가치 창출관점에서 기업의 공개 특허전략에 대한 연구, 기술경영 경제학회 2017 동계학술대회. working paper.

제10장 특허박스와 혁신의 시장실패

Schneider, A., & Ingram, H.(1993). Social construction of target populations: Implications for politics and policy. *American Political Science Review*, 87(2), 334-347.

Sohn, S, Y., & Park, C.(2017). Designing an effective patent box regime based on a conjoint analysis, Working paper, ISL(Industrial Statistics Lab), Yonsei University

제11장 환경보전에는 득(得), 바이오 기업에는 독(毒)? 나고야 의정서와 생물 유전자원

Lee. B. K. & Sohn, S. Y.(2016). Patent portfolio-based indicators to evaluate the commerc ial benefits of national plant genetic resources. *Ecological Indicators*, 70, 43-52.

박원석(2011). 나고야의정서의 협상과정 및 핵심쟁점에 관한 연구. 중앙법학, 13(4), 585-640.

제12장 희토류자원과 기술전쟁

Ju, Y., & Sohn, S. Y.(2015). Identifying patterns in rare earth element patents based on text and data mining. *Scientometrics*, 102(1), 389-410.

홍지상(2012). 희토류 대체 영구자석의 연구동향. 한국자기학회지, 22(5), 188-193

박인섭, & 송재두(2016). 중국 희토류산업정책의 변화와 정책적 함의. 무역상무연구, 71(8), 297-324.

전자신문, 2011.07.12. 원자력연 희토류 초전도체 전기효율 10배 향상 http://www.etnews.com/201107120024

첨단산업의 핵심에너지, 희토류란 무엇인가? http://blog.skenergy.com/1621

https://ko.wikipedia.org/wiki/%ED%9D%AC%ED%86%A0%EB%A5%98_%EC%9B%90%EC%86%8C

특허로 답하다

Shall we mine patents?

편저자 손소영
펴낸곳 연세대학교 대학출판문화원

주　소 서울시 서대문구 연세로 50
전　화 02) 2123-3380~2
팩　스 02) 2123-8673
ysup@yonsei.ac.kr
http://press.yonsei.ac.kr
등　록 1955년 10월 13일 제9-60호
인　쇄 (주)동국문화

2018년 1월 26일 1판 1쇄

ISBN 978-89-6850-202-6(93300)

값 10,000원